不一样的 语文故事

6

梦小得 著

山东教育出版社

图书在版编目(CIP)数据

不一样的语文故事. 6 / 少军，张秀丽，米吉卡主编；梦小得著. — 济南：山东教育出版社，2016（2019.5重印）

ISBN 978-7-5328-9287-7

Ⅰ.①不… Ⅱ.①少… ②张… ③米… ④梦… Ⅲ.①阅读课—小学—课外读物 Ⅳ.①G624.233

中国版本图书馆CIP数据核字（2016）第051119号

BU YIYANG DE YUWEN GUSHI 6

不一样的语文故事 6

主管单位：山东出版传媒股份有限公司
出 版 人：刘东杰
出版发行：山东教育出版社
地　　址：济南市纬一路321号　邮编：250001
电　　话：（0531）82092664
网　　址：www.sjs.com.cn
印　　刷：山东临沂新华印刷物流集团有限责任公司
版　　次：2016年4月第1版
印　　次：2019年5月第3次印刷
开　　本：720mm×1020mm　1/16
印　　张：7.75
印　　数：55001—65000
字　　数：50千字
定　　价：20.00元

（如印装质量有问题，请与印刷厂联系调换）
电话：0539-2925659

如果说数学是各门学科的基础，那么语文就是这个基础的基础。

——苏步青

怪怪老师

性格：自称来自外太空最聪明最帅的一个种族（不过没人相信）。拥有神奇的能力，比如时空转移、与动物沟通、隐身等。他带领同学们告别枯燥的教室，在语文世界里展开一段又一段奇妙的魔幻探险。

星座：文武双全的双子座

爱好：星期三的午后，喝一杯自制的"星期三么么茶"。

皮豆

性格：鬼马小精灵，班里的淘气包。除了学习不好，其余样样行。喜欢恶作剧，没一刻能安静下来，总是状况百出。不过，也正是因为有了他这样的开心果，大家才能欢笑不断。

星座：调皮好动的射手座

爱好：上课的时候插嘴；当怪怪老师的跟屁虫。

蜜蜜

性格：乖巧漂亮的甜美女生，脾气温柔，讲话细声细气。爱心大爆棚，喜欢小动物，酷爱吃零食。男生们总是抢着帮她拎东西、买零食，是班里的小女神。

星座：喜欢臭美的天秤座

爱好：一切粉红色的东西，平时穿的衣服、背的书包、用的文具……所有的一切都是粉色的。

女王

性格：霸气外露的班长，捣蛋男生的天敌。女王急性子，遇到问题一定要立刻解决，所有拖拖拉拉、不按时完成作业、惹了麻烦的人都要绕着她走，不然肯定会被狠狠教训。班上的大事小事都在她的管辖范围之内。

星座：霸气十足的狮子座

爱好：为班里的同学主持公道，伸张正义。

十一

性格： 明星一样的体育健将。长相俊朗帅气，又特别擅长体育，跑步快得像飞。平时虽然我行我素，不喜欢和任何同学交往过密，却拥有众多女生粉丝，就连"女汉子"女王跟他说话时都会脸红。

星座： 外冷内热的天蝎座

爱好： 炫耀自己的大长腿。

博多

性格： 天才儿童，永远的第一名。博学多才，上知天文下晓地理，有时候怪怪老师都要向他请教问题。只是有点天然呆，常常在最基本的常识性问题上出错。

星座： 脚踏实地的金牛座

爱好： 看科普杂志。

乌鲁鲁

怪怪老师带来的一只外星流浪狗，是大家最最忠实可靠的朋友。

目 录

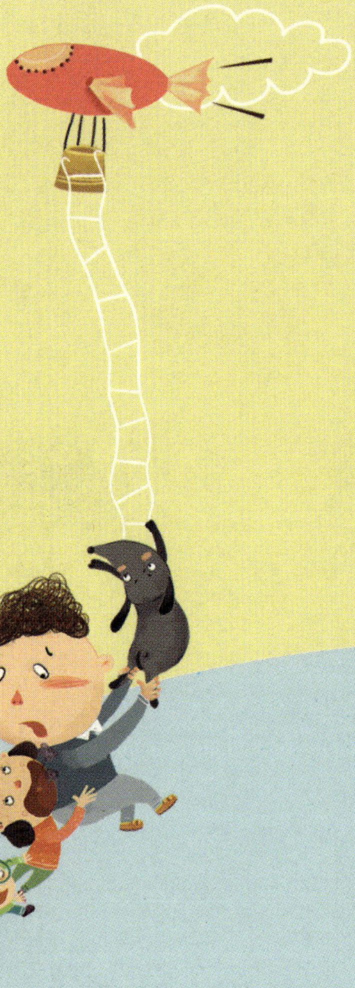

第一章

有双眼睛盯着博多

刚开学没几天，皮豆的老毛病好像又犯了。上语文课时，他鬼鬼祟祟的，一会儿装模作样抬起头瞄瞄怪怪老师，一会儿又低下头在桌斗里鼓捣一通，也不知道在搞些什么。

皮豆不敢把动静闹得太大，因为新学期刚开始，怪怪老师就把女王的座位调到了皮豆后面。目的嘛，不说大家也很明白，就是派她专门"监视"皮豆的。

所以皮豆搞小动作时心慌慌的，努力躲避着女王的视线。谁知皮豆躲过了女王，却没法躲过旁边的博多。

博多盯了皮豆好一会儿，终于看清皮豆桌斗里的罪魁祸首，那是本翻得有些破烂、叫作《魔法读心术》的书。

皮豆读得津津有味，脸上不时露出一丝诡异的笑容。读到兴奋的地方，皮豆还会不住地点头，嘴里嘀咕着："嗯嗯，不错不错，我要是把这读心术学到手，那估计就成所有人肚子里的蛔虫啦！哈哈哈哈……"

当然，皮豆的这些怪话也一字不漏地溜进了博多耳朵里。

博多推推溜到鼻尖上的黑框眼镜，心想："得找个时机把这情况汇报给怪怪老师。"

谁知第二天，博多还没来得及采取任何行动，皮豆就出状况了。

语文课上，怪怪老师叫皮豆站起来回答问题，可一连喊了好几遍，皮豆始终趴在桌子上纹丝不动，完全把怪怪老师当空气。

怪怪老师不满地说："我曾经对大家讲过学好语文的一些方法，大家还记得有什么吗？"

蜜蜜最先举起手来："首先是上课要认真听讲，思维要跟着老师走，注意力集中，不能乱插嘴！"

蜜蜜回答得很流利。

怪怪老师点点头："蜜蜜回答得很对，可现在皮豆竟然在语文课上睡觉，理应受到批评！"

怪怪老师来到皮豆桌前，一连敲了五下桌子，皮豆竟还是一动不动。

这时候，怪怪老师忽然有了种不好的预感。他托起皮豆的头一看，不禁大吃一惊。只见皮豆面色苍白，双目紧闭，不时发出鼾声，却怎么也叫不醒。

怪怪老师告诉自己不能慌乱，他示意女王去端一盆冷水。女王见皮豆这副样子，也有些慌了，她心急火燎地跑到洗手间，端来满满一盆水，还没等怪怪老师吩咐，就往皮豆脸上猛地一泼。

皮豆慢慢苏醒过来，脸色有了些许红润，神智也渐渐清楚了。他醒来见自己浑身湿淋淋的，还苦着脸开玩笑呢："真爽啊，好像刚洗了澡出来。"可当大家问他发生了什么事时，他又迷迷糊糊的，只打着哈哈说："肯定是因为最近学习太累啦！"

没人会相信他的话！下课后，博多趁皮豆不注意，偷偷掀起他的语文课本，那本神秘的《魔法读心术》正藏在语文课本的下面呢。

博多的眉头紧紧皱起来，好像遇到了一个世界级的大难题。

谁知道，接下来发生的事情更加扑朔迷离。

皮豆自从晕倒事件后就一直萎靡不振，好像所有的精气神儿都被什么东西吸走了，走路就像踩在棉花上，玩笑也很少开了，每天板着脸，目光也呆愣愣的，整个人都死气沉沉的。

没想到这还不算完，皮豆的消沉之气好像也感染了大家。没几天，教室里所有的人都开始哈欠连天，上课走神儿，下课没劲儿。延续到后来，连怪怪老师的课都没心思听了。

博多也懒洋洋的，但他心里特别清楚，一定是有人在背后搞鬼！到底会是谁呢？谁会跟全班师生过不去？博多这样一想，精神忽然一震，好像摆脱了某种控制似的。他忽然敏锐地感觉到，身后有双眼睛在直勾勾地盯着自己！

博多猛地回过头来，正好看见蜜蜜在打哈欠。见博多看自己一眼，蜜蜜脸红了："这两天睡觉睡得太晚了……"

博多摇摇头，盯着自己的当然不是蜜蜜。可她的身后，除了一盆长势旺盛的猪笼草就什么也没有了。博多转过头来，突然又觉得有些异样，他又回过头去，目光落在了蜜蜜身后那盆猪笼草上。

这还是六年级刚开学的时候，学校绿化组分发的植物，每个教室一株，目的是为了绿化环境，净化空气。别的班都分到了兰花、巴西木、白掌等比较常见的绿植，可偏偏怪怪老师的班里分到一盆猪笼草。

　　也不知道这盆猪笼草是谁带进教室的，反正已经近半个月了，它一直在教室后面旺盛地生长。博多盯着那株植物，不禁心想："它的长相确实有些怪异……"猪笼草的叶片上长着一根长长的茎蔓，中间挂着几个怪怪的捕虫笼。他忽然想起这盆猪笼草第一天搬来教室的时候，皮豆那兴奋的神情："嗨，竟是一株会捕食小昆虫的植物……"

他当时还摆出一脸高深莫测的神情："大自然实在是太奇妙了……"

可不知为什么,博多老觉得这种植物怪怪的,始终对它提不起兴致来。他曾建议怪怪老师把猪笼草搬出教室,可怪怪老师一脸的惊愕:"搬出教室? 这绝不可能……"怪怪老师正色道:"猪笼草是一种天赋异禀的植物,会捕食小昆虫,应当算是人类的朋友……"

博多的思绪开始游移不定,他努力摇摇头,想赶走这些乱七八糟的念头。因为不知道为什么,每当他胡思乱想时,他就觉得自己的精力好像被什么东西吸走一部分似的。

第二天一大早,博多就来到教室。今天是他做值日,他拿着扫帚从第一排开始扫起来。扫到蜜蜜的位置时,他的手肘不小心一拐,把蜜蜜的一本书撞掉在地。博多捡起一看,不由惊诧起来,竟是前几天皮豆看过的那本怪书《魔法读心术》。不过这本书好像比皮豆那本新一些。博多忽然想到了什么,赶紧跑到女王和十一的座位上,把他们的桌斗翻了个底朝天,并从一堆乱糟糟的书里各找出一本《魔法读心术》。

博多的冷汗都冒出来了,看来班里每位同学都看过这本书! 一种敏锐的直觉告诉自己,这里面隐藏着一个大大的阴谋!

过了一会儿,同学们陆续走进了教室,大家一个个垂头丧气,哈欠连天。皮豆的状况尤其严重,他坐在位子上,上眼皮和下眼皮不时合在一起。过了一会儿,他干脆趴在课桌上打起呼噜来了。

怪怪老师很快走进了教室,他今天穿得很神气,白衬衣上打着领结,黑西裤熨得笔挺，可他的精神看上去也并不怎么好，好像一夜没睡似的。

"同学们……"怪怪老师开口了，声音有些沙哑，"今天我们重点学习如何做到集中注意力听讲……"他话还没说完，忽然打了个大大的哈欠，他的脸一下子红了。

"首先，要做好课前准备，包括复习旧知识，预习新课文……"怪怪老师挠挠头，"其次是要保持课堂安静，不要插嘴，坐姿端正……"

博多忧心忡忡地想："虽然怪怪老师自己在说要集中注意力，可看样子他也受到影响了……"

这时，博多又觉得背部一阵刺痛，他感觉身后那双眼睛又在火辣辣地盯着自己了。

博多强忍着不适感，攥紧了拳头："一定要解开这个谜……"他暗暗下定决心。

怪怪老师终于坚持讲完了一节课。下课铃声响了，怪怪老师暗暗松口气，也没询问大家这节课的效果如何，就快步离开了教室。

这时，皮豆睡了一节课，精神好像好了些。他稍微有点儿精神头儿，竟开始大讲特讲前一天看过的惊险电影，这种兴致最近倒是少见得很。

"昨天看了部电影，真是惊险呢……"皮豆讲得绘声绘色，"在遥远的黑森林里，有一座可怕的城堡，据说里面还住着吸血鬼、毒蝙蝠什么的，它的名字叫作黑崖古堡……"

大家都在哈欠连天，皮豆见没人搭理自己，便加重了语气："你们还不知道吧，古堡里有一种可怕的植物，不仅会动，还会说话。你只要稍稍一走神，它就会吸走你的一部分精力和注意力……嗨！"

皮豆一声惊呼，吓了大家一跳，弥漫在教室里的消极之气稍稍减轻了一些。大家都开始听皮豆大谈黑崖古堡的故事，还不时发出阵阵惊呼声。只有博多默默地不说话，只拿一支笔在纸上画着什么。过了一会儿，博多提着书包就走了。

皮豆一脸纳闷地走到博多桌前，低头一看，发现博多桌上放了张纸，上面是他刚刚画的一幅画。再一看，画面上竟是一株枝叶巨大，长相怪异的猪笼草。

皮豆装模作样地点点头："想不到书呆子的画竟也不错，有赶超我的趋势！"

博多如果听见皮豆说这话，估计也不会开心。那天夜里，博多脑海里一遍遍回想皮豆说过的话："古堡里有一种可怕的植物，不仅会动，还会说话。你只要稍稍一走神，它就会吸走你的一部分精力和注意力……"

"猪笼草……猪笼草……"博多闭上了眼睛，"不行，要赶紧找怪怪老师把事情交代清楚。"博多坚定地站起身，走出了家门。

脑力大冒险

有人说，注意力是学习的窗口，没有它，知识的阳光就照射不进来。你的注意力可以得多少分呢？尝试一下以下的小测试吧。

以下数列中，每行中都有一些两两相邻、其和为10的成对的数，集中注意力找出这些数，并在每对数下面画上线。例如：29461 19355。限时一分钟。

7914875639467883123456789876 5437

91765432198765431421521621728194

12845678912345671521631746135124

33467382914567349129123198265190

51982774675370988028382032465934

20563770895749745505533554465505

【评价标准】

本组数列共有_____对其和为10的邻数。

找到25～30对者：注意力非常集中，学习效率较高。

找到20～25对者：较善于集中注意力，可以再进行一些简单的相关训练。

找到20对以下者：从现在起抓紧进行注意力强化训练，有意识地培养自己的注意力，充分相信自己。

第二章

怪怪老师变成了植物

　　一股风飒飒吹过，街上出现了一高一矮两个黑影子，他们边走边窃窃私语，在秘密交谈着什么。

　　高个子的语气里有种说不出的担忧："博多，你能确定猪笼草真有问题？"好像是怪怪老师的声音。

　　博多点点头："我早已验证过了，只要翻开那本叫作《魔法读心术》的书，我就会心神不定，感觉自己体内的力量正在流失。"

　　"那皮豆上次晕倒也是这本书惹的祸？"高个子吃惊地问。

　　"是的，不过最近皮豆没再读那本怪书，所以症状倒是减轻了一些，而且他最近一上课就打瞌睡，即使猪笼草想吸收皮豆的精力，也无从下手吧。"

　　两人转过街角，灯光一闪，高个子的脸被照得清清楚楚，原来真的是怪怪老师!

怪怪老师从大衣口袋里掏出隐身衣，迅速套在身上，消失在了黑暗中。

"我们行动一定要干净利落，决不能打草惊蛇，露出任何蛛丝马迹……"黑暗里的怪怪老师说。

博多点点头，也穿上了隐身衣，立刻消失在了黑暗里。整条街道又变得寂静无声了。

第二天一大早，皮豆早早就醒了，也不知道是什么原因，他觉得今天精神好了很多。之前他坐在早餐桌前都觉得上下眼皮在不停打架，可今天，他竟然觉得浑身有用不完的劲儿。如果现在学校举行马拉松或田径赛，他肯定第一个冲上赛场！

皮豆走在路上，想起昨天怪怪老师说过的"复习旧知识"，就努力在脑海里回想昨天怪怪老师讲课的内容。

"日常交际中，要能听懂别人讲话，成为一个好的听众，不是一件容易的事。首先要记得注视着说话人，专心致志地听……"

"为了让说话者知道你在认真听，可以适时提出一些问题，但一定要注意不要打断说话者的话题……"

"在交谈中，要能总结出别人讲话的要点，这就更需要注意聆听对方的话语，多总结归纳对方的谈话内容……"

皮豆边想边点头："真没想到日常交际也是语文学习的重要内容呢。"

他吹着口哨推开了教室门，刚要给大家来个猝不及防的脱帽礼，可眼前的景象把皮豆吓坏了,他久久地站在教室门口。

　　教室里竟然满地狼藉,桌子上,板凳上,还有皮豆的作业本上,到处是黑黑的脚印和不明物体留下的残渍,像是电影摄制组刚刚在这里拍过一场动作戏,抑或是刚被一伙来路不明的匪徒洗劫过似的。

　　皮豆从地上捡起被扯烂的语文作业本,作业本上不知被溅了一摊什么

植物的汁液，看上去黏糊糊的，恶心极了。

"这是谁干的？"皮豆是真的发怒了，"肇事者肯定藏在暗处！"皮豆心想，所以他又加重声音喊了一声，但教室里看起来空荡荡的，没有人回应他。

皮豆气呼呼地从博多的座位开始挨个检查起来。可当他搜索到蜜蜜的座位时，不由得倒抽一口凉气——蜜蜜背后那株长势喜人的猪笼草不见了。要知道，那可是皮豆顶着火辣辣的大太阳，吭哧吭哧一个人从绿化组搬到教室来的啊。

可是，这盆耗费了皮豆心血，深得他喜爱的猪笼草竟然凭空消失了！

皮豆简直要气疯了："等怪怪老师来了，我一定要给可怜的猪笼草讨个公道！"

这时候，皮豆焦急地向教室门口张望了几眼，却突然被眼前的景象吓住了，身子不由自主地哆嗦了一下。

教室门口站了一个长相多么奇怪的人啊，身子看起来瘦弱不堪，就像一株矗立在风中的草似的。硕大无比的脑袋上，长了一只怪异无比的鼻子，就像……就像……皮豆突然觉得有些熟悉的感觉。"对对对……"皮豆忽然想起来了，那人的鼻子简直就是一个小小的捕虫笼啊！

我的天哪！皮豆觉得自己的心脏都要停止跳动了，因为他好像听到那"捕虫笼鼻子"在喊他："皮豆，皮豆……"声音也异常熟悉，这更令皮豆吃惊。

皮豆指着自己："你是在叫我吗？"

那人焦急地说："赶紧去找博多帮忙，我中毒不轻，两条腿已经动弹不得了！"真是奇怪的人啊，不仅知道自己的名字，还不客气地差遣自己呢。这个世界上，也只有怪怪老师能……

皮豆的脑袋嗡地响了一下："怪怪老师？！"

那人忧伤地点点头，却什么也不愿多谈："快去喊博多，我觉得自己的腿正在变成植物的根茎深深往泥土里扎呢……"

皮豆忙不迭地向教室外跑去，正好与一个人撞了个满怀。皮豆刚要发火，抬头一看竟是博多。皮豆委屈得都要哭出来了："你可来了，我的大博士，快来看看怪怪老师吧……怪怪老师快要死掉了……"

皮豆一句话把博多吓得面如死灰。博多慌忙朝教室跑去，他边跑边喊："昨晚怪怪老师的手不小心被猪笼草划了个血口子，我就预料到不好……"博多说了一半，好像在顾忌什么似的，忽然停住了。

皮豆狐疑地望着他们："昨晚……猪笼草……你到底在说些什么啊？"

"这事还是等我稍后告诉你吧。"博多见瞒不住了，长叹了一声，"怪怪老师现在已经中了猪笼草的毒，马上就要变成黑崖古堡里的植物了。事不宜迟，我们要赶紧想办法去黑崖古堡里拿到解药救怪怪老师，不然他会中毒越来越深，再也回不到原来了。"

这时，女王、蜜蜜、十一，还有乌鲁鲁都陆续来到了教室，大家见到怪怪老师的怪样子都惊讶不已。博多摆摆手："什么都别说，我们抓紧时间行动吧！"

皮豆茫然地看着博多："可别指望我啊，我虽然曾经在惊险电影里看到过关于黑崖古堡的事情，但是我可不知道该怎么去那里啊。"

一句话点醒了博多，他一下子愣住了："我早应该知道，你的话根本靠不住，都怪我太心急了，不该鼓动怪怪老师去除妖……"

博多这才把事情的经过，包括猪笼草如何吸收大家精力，怪怪老师和自己如何大战猪笼草告诉了大家。大家听完后，吃惊得嘴巴都闭不上了。

"你的意思是，猪笼草是花妖？"十一大声嚷嚷起来。

博多点点头："你看的那本怪书《魔法读心术》，就是花妖用魔法吸收你们精力的工具。我从来不看这类书籍，所以我的精力被收走得很少……"

皮豆的脸红红的，他不敢告诉博多，那本书其实是他无意中从路上捡的。"看来这都是猪笼草的阴谋……"皮豆把责任推得一干二净，恨得牙根直痒痒。

博多叹了口气："我昨晚查看书籍才知道，要想到达黑崖古堡，有一条秘密通道，可是现在……"博多伤心地摇摇头："这条通道已经被我毁掉了！"

"什么通道？你倒是说呀！"女王沉不住气了。

博多轻叹口气："就是猪笼草身上那个奇怪的捕虫笼。其实里面有个秘密机关，那不仅是猪笼草消化食物的地方，还是进入黑崖古堡的一条秘密通道！"

"可惜呀……"博多痛苦极了，"那唯一去往黑崖古堡的通道已经不存在了！"

蜜蜜听到这里"哇"的一声哭了出来："那怪怪老师怎么办啊？"

女王想了想："先暂时对怪怪老师封锁消息。"

皮豆这时眼睛一个劲儿地眨啊眨，好像在打什么鬼主意。不一会儿，皮豆突然喊起来，吓了大家一跳："我说，可不可以不要把气氛搞得这么悲惨，好像怪怪老师一定没救似的。"

女王狐疑地看着他："难道你有什么好办法？"没想到皮豆的脸竟腾地红了："哎呀，也不是什么好办法，就是……就是……"皮豆一狠心，干脆把秘密吐露了出来："当初我把猪笼草搬到教室的时候，本来是一大一小两株的，我见那株小的特别可爱……"

"所以你就把它偷回家了！"女王一针见血地戳了皮豆一下。

"啊呀，那不叫偷啊，我只是觉得那小小的捕虫笼很可爱……再说了，我如果不把它带回家，现在哪还有营救怪怪老师的机会啊？"皮豆嘴硬地说。

不过，这一次，皮豆说的话好像还挺有道理的。

"那还不赶快带我们去找那棵猪笼草！"女王终于忍不住要发飙了。

皮豆刚才的得意劲儿立刻消失得无影无踪，忽然想起什么似的开始小跑起来："我们快点儿去吧，那棵猪笼草在我家储藏室都一个月没见阳光没喝水了，我估计它快要'交待'了！"

脑力大冒险

　　说与听，在人们的交往中是必不可少的。会说固然重要，但听也不容忽视。因为听是说的前提条件、准备阶段，所以我们不仅要听，而且要善于倾听。

　　善听者往往也善于思考，以下是一种十分有效的三步训练倾听的方法：（1）猜想发言的同学会说什么；（2）对同学的观点进行归纳；（3）想想同学说的有没有道理。请你在和同学交谈的时候，尝试一下这种倾听方法，相信经过一段时间的训练，你一定能养成先听后说、想好再说的好习惯。

　　我和_____同学讨论的主题是：

_____

　　（1）我猜他（她）会说_____

_____

　　（2）归纳一下，他（她）的观点是_____

_____

　　（3）他（她）说的有没有道理呢？我认为

_____

_____

第三章

黑崖古堡竟是这样

到了皮豆家那间黑漆漆的地下室以后，大家都有些心灰意冷了。亏他还口口声声念叨着喜欢猪笼草，真不知道他是怎么厚着脸皮说出这话的。

"啪"的一声，皮豆拉开了地下室的灯，白色的光线立刻充满了这间小屋。皮豆直奔墙角而去，在一堆破烂里扒拉起什么来："咦，明明就把它放在这个杂物筐旁边的，怎么不见了？"

皮豆有些着急了："喂，你们还愣着干什么？快来帮我找啊！"

十一面无表情地摇摇头，悲观地说："营救怪怪老师的重任竟然会落在皮豆这样不靠谱的人身上，唉，十有八九……"

十一还没说完，皮豆在一旁惊喜地喊起来："找到了，找到了……"原来，一向做事邋遢的皮豆这次总算细心了一回，竟然将猪笼草藏在一个腌菜罐子里了！可是，好像也不对，把猪笼草放在那个密封的小空间里，它还能活吗?

　　不过幸好正如博多说的,猪笼草吸收的不是阳光和水,而是人的注意力。尽管这小密室里不见天日,但是它还不至于饿死。

　　果然,当皮豆把那又瘦又小的植物提溜出来时,它已经奄奄一息了,但感觉到了人的气息后,它好像轻轻抖了抖叶子。

　　就在一刹那间,皮豆觉得自己的注意力真的好像分散了一点点,这时再看那原本瘦弱的猪笼草,果然如博多所言变得精神了一些。"原来博多说的都是真的!"皮豆这才信了。

　　博多点点头,示意大家准备好,然后他将猪笼草的捕虫笼对准伙伴们,轻轻念起了怪怪老师教他的口诀。就在一瞬间,皮豆清晰地听见捕虫笼里咔嚓一声响,从里面搭出一架小小的梯子来。

　　伙伴们都呆呆地看着那架精巧的小梯子,说不出话来。皮豆又想做缩头乌龟:"哎呀,我是个地道的胖子,这小梯子我是无福消受了,那就祝你们一路顺风吧!"皮豆说完就要溜,被女王一把抓住了领口。女王无限鄙夷地说:"豆皮儿啊,你就不能做一件让我心服口服的事情吗?"

　　博多摇摇头,他对皮豆的行为早已习以为常了。

　　"这把梯子是通向黑崖古堡的唯一通道,虽然它看上去像个小孩子的塑料玩具……"博多突然严肃起来了。他走到梯子前,伸出了右手,然后把小手指轻轻搭在了梯子的末端。

　　这时候,不可思议的事情出现了,梯子上突然冒出了淡绿色的晶莹的

光。无数的光束慢慢聚集，形成了一个大大的绿色光环，圈住了博多。

博多竟然越变越小，越变越小，渐渐变成了一个与梯子差不多大小的小人儿。大家也都模仿着博多的做法，将小指头搭在梯子上，每一位都渐渐变小，变成小人国里的人了。

伙伴们就这样轻轻走上了梯子，走进了猪笼草的捕虫笼里，走进了一个未知的世界。

"叽叽喳喳！咕噜咕噜！砰砰啪啪！吱吱吱！轰隆隆……"漆黑的通道里，响起了各种奇怪而诡秘的声音。

"你们听过《古堡里的故事》吗？"皮豆竟没头没脑地冒出这么一句话。

"我听过，是最新的广播节目，里面的场景好可怕，我每次听完故事都好几天睡不好。都怪我想象力太丰富了……"蜜蜜有些懊恼。

女王的好奇心也被调动起来了："怪怪老师讲过要想听懂广播故事，就要知道主要内容，并能转述这些内容。谁来转述一个自己听过的故事？"

博多觉得有必要帮助怪怪老师复习一下课堂内容，想了想："要想准确地转述广播故事，必须弄清楚故事内容，不能一知半解，要归纳好故事的重点。在转述故事时，只要不遗漏重点内容，这个故事基本就是完整的。不如我为大家转述一个故事做个示范吧……"

没想到，博多话刚说完，突然就谁也不敢吱声了。一座中世纪的古堡赫然出现在了面前。古堡年代久远，高高的灰色城墙上爬满了暗绿色的藤蔓，几乎把窗子都盖住了。在幽暗的月光下，隐隐看得到红绿相间的窗框，不过也早已斑驳得不成样子了。

皮豆不由打了个寒战："好阴森的感觉啊，不知道哪位高人住在这里呢？"

女王和蜜蜜也有点儿心惊胆战，蜜蜜说："我不想进去了……"

蜜蜜话音刚落，就听古堡里响起了一阵笑声："嘿嘿嘿嘿……"那奇异的笑声令伙伴们汗毛都竖起来了。

"你们肯定是远道而来的贵客吧，不知道到此地有何贵干呢？"那个声音阴阳怪气地说，不过听起来，好像对大家并无恶意。

在这关键时刻，博多挺身而出。

他清清嗓子："我们实在不是有意打扰，只是有位朋友中了猪笼草的毒，现在已经变成植物了。听说黑崖古堡里有种药丸可以解猪笼草的毒，所以……"

那人声音一沉："猪笼草？难道它又出去害人了？"那人好像幽幽叹息了一声。这时候，只听咣当一下，古堡的大门竟一下子打开了，轰隆隆的声音回荡在无边夜空里，惊起了无数的鸟儿。

"你们就进来吧，记住拿了药丸就赶紧离开，千万不要随意参观逗留，否则害人害己啊！记住……记住……"神秘人说完这些话，再也无声无息了。

"你猜他会是什么人？"皮豆好奇心又起来了。

"不要乱打听，我们只管拿药丸救怪怪老师！千万别节外生枝了……"

博多提醒皮豆。

"可是我们该向谁去讨药丸啊……这个人也不把话说清楚……"皮豆又在抱怨了。

皮豆话还没说完,女王就悄悄举起手,准备给皮豆一拳。没想到皮豆早有准备,竟然轻巧地躲过去了,还打着哈哈说:"哎呀,女王,再饶我这次,就一次了……"大家看皮豆那滑稽的样子,都忍不住笑了起来。

"放心吧……"博多说,"药丸边走边找吧,肯定会有下落的。"

博多说完朝着古堡大门走去,他的脚步声"啪啪啪"响在寂静的古堡里,激起一阵空旷的回音。伙伴们都紧紧跟在博多身后,怀着无比忐忑的心情走进了黑崖古堡里。

终于能够见到真实的古堡了,女王实在是太激动了。她曾经在电视剧里见过中世纪古堡的样子,那华丽的烛台,天鹅绒的窗幔,泛着幽光的银餐具,都给女王留下了深刻的印象。"古堡才是女王最应该居住的房子。"她这样对蜜蜜说。

所以当女王真的置身于这座神秘的古堡时,她兴奋得心脏都要跳出来了。

她拉着蜜蜜的手,快步走着,一个房间接一个房间地参观欣赏!

"看呀,那哥特式的窗户……"

"哎呀……壁画好美……"

"我的天……壁炉里竟燃着火呢……"

女王一迭声地表达着内心的惊叹。蜜蜜不得不一再提醒她："女王，博多他们都走远了，我们好像掉队了……"

这时候，女王走进了一个异常华丽的房间，不由被房间的布置摆设惊呆了。蜜蜜刚刚说的话，她竟一个字也没听见。她一会儿扯扯床上的天鹅绒被面，一会儿拨弄一下壁灯上的水晶吊饰，直到墙上的大钟当当当敲了十二下，她才猛地醒悟过来。

不过，女王只是瞬间惊慌了一下，又沉浸在房间美好华丽的氛围里了。"哎呀，让他们忙去吧，我一定要在这房间里住几天……"女王不紧不慢地说。

她们万万不会想到，博多、皮豆他们正在焦急地四处找她们呢。大家几乎把古堡寻了个遍，也没见到她俩的影子。

博多叹了口气："算了，我们还是赶紧去找药丸吧！"

他倚靠在空旷的走廊墙壁上，闭上眼睛开始思索神秘人话里是否留下了一些寻找药丸的线索。这时，皮豆忽然大声尖叫起来："有鬼啊——"

博多睁眼一看，前面果然有个黑影子在慢慢靠近。博多一个激灵，准备随时迎战。谁知等那影子走过来后，博多不禁哑然失笑，哪有什么鬼啊，那只是一位满脸皱纹的老奶奶而已。

过了一会儿，博多觉察到这位老奶奶确实有些怪怪的，尤其是她的声音，又尖又细，听起来有些刺耳。"你们是来拿药丸的咯……"老奶奶眨眨狡黠的眼睛，"请随我来吧……"说完，她身影一闪，拐进了一个黑洞洞的小房间。

皮豆悄悄拽拽博多的衣角，小声说："我觉得这老奶奶怪怪的，小心有诈！"博多毫不在意，径直走进了小房间。

皮豆也有些不情愿地跟了进去。房间很狭小，光线也很暗，倒是挺契合整个古堡的气氛。"药丸就在这里面。"老奶奶指着小木桌上一个木盒子说。

皮豆喜不自禁，刚要伸手去拿那木盒子，老奶奶那苍老的手按住了他："不过呢，这药丸可不是白白给你的……"

她的眼睛里闪着精明的光："如果有一天，我需要你们的帮助，你们可一定要为我赴汤蹈火呀……"

皮豆觉得她话里有话，不禁迟疑起来。博多突然伸出一只手抓住了盒子："只要不是太过分的要求，我想我们会做到的。"博多想先稳住老太太，他估计怪怪老师撑不了多久了。

"好的，成交！"老奶奶忽然笑了起来。

顾不了那么多了，博多抓起木盒子就往外走，身后传来老奶奶的声音："可千万别忘了我们的约定呀！"

终于把药丸拿到手了，博多走出古堡长长松了口气。他这时想起了怪怪老师的话："只要拿到药丸，你就念起我教你的口诀，这时候，你们就会脱离黑崖古堡的控制，直接穿过时空隧道回到教室了。"

博多闭上眼睛，轻轻念起了口诀。皮豆又来打岔："时间还早，不如我

25

们再逛逛吧，顺便找找女王和蜜蜜呀。"

博多这才想起，自己光想着救怪怪老师了，却把女王和蜜蜜忘得一干二净。但这时再去找她们已经来不及了，口诀已经念出，博多他们进入了时空隧道。仅仅几秒钟的时间，他们就从黑崖古堡回到教室了。

大家已经几乎认不出眼前的怪怪老师了，他的两条腿彻底变成了猪笼草强大的根茎，竟然扎破了教室的水泥地，深深嵌入地下的泥土里。

"怪怪老师，我们来救你了！"博多说完，把治疗猪笼草毒的药丸放进了他的嘴里。

脑力大冒险

周末学校要组织春游,怪怪老师在周五的班会上将参加春游的注意事项告诉了大家。可是皮豆由于贪吃闹肚子,这天没来上学,你能将以下要求转述给皮豆吗?

怪怪老师的春游要求

这次春游,我是大家的带队老师,春游期间一切行动听从我的指挥。周六上午七点请大家准时到达学校,乘坐贴着我们班级名称的大巴出发。哪位同学如果晕车,可以在上车前半小时吃晕车药,晕车药由博多提前去学校医务室领回来。春游期间每次集合时我都会点名,确保你们每一个人的安全。

你们必须统一穿好校服,带好午饭、零食、水果和少量饮用水,午餐时间我们将在公园里空旷的草地上进行野餐。野餐结束后,请同学们将自己的垃圾扔进垃圾箱,女王将负责监督并打分,分数计入本学期劳动课。

第四章

灯泡里的神秘小人儿

　　怪怪老师呆呆地"站在"教室里，嘴角不停地流口水，还不时傻傻地冲皮豆一笑。他已经吞下药丸半个钟头了，可那个奇怪的"捕虫笼"鼻子还是挂在脸上，丝毫没有要消失的迹象。

　　皮豆担心地看看博多："这药丸哪有什么效果，我们准是受骗了，我看怪怪老师是没救了……"皮豆说完丧气话，竟然呜呜哭起来了。他这一哭，把博多也弄得心里特不是滋味。

　　十一倒是蛮镇定的，说："不知道怪怪老师的双腿已经伸展到哪里了，我就怕他变成树妖。如果连他的心智也被控制了，那可就糟糕了……"

　　皮豆听了这话一下子不哭了，他呆呆的，不知道在想些什么。过了一会儿，皮豆突然嚷嚷起来："哎呀，我看过的那部惊险电影剧情就是这样的，拥有超能力的老师被恶魔控制了，然后开始与恶魔并肩战斗，一起摧毁地球呢……"

大家一下子都不知道该说些什么。皮豆又有了馊点子，他眨眨眼睛："不如趁现在怪怪老师力量微弱，我们提前下手……"

"提前下手做什么呀……"皮豆耳边突然响起了一个声音，吓了他一大跳。他转过身来一看，不禁大吃一惊。刚才怪怪老师还怪模怪样的，就这么一会儿工夫，他的捕虫笼鼻子和长长的植物腿统统不见了，而且，看看怪怪老师英姿勃发的笑容，好像比原来更加帅气了呢。

"没没没……没什么……"皮豆支支吾吾的，他可不敢说自己刚刚还对怪怪老师动过坏心思呢。

"看来那个药丸真的有奇效。"博多喃喃说道，他忽然想起了在古堡里与那老奶奶的约定，内心不由产生了一丝忧虑，"不知道老奶奶会让我们帮什么忙？"

怪怪老师清清喉咙："哎呀，自从我被那可恶的猪笼草弄得晕晕乎乎，咱们的语文课进度都落后于其他班了，赶紧，赶紧的……"

然后他又愣了会儿："对了，博多，我们该讲什么内容了？"

博多提醒怪怪老师："上次你说到让大家如何提高想象力，做到边听故事边想象。"

"对对对……"怪怪老师猛地拍了下脑门，"提高大家的想象力，这很容易，我们要记住，在读故事的时候，一定要把自己完完全全地置身于故事的场景里，要化身为故事里的主人公，只有这样，才能体会到主人公的情感。然后，你就能做到，无论主人公做什么，你都能跟随故事的情节去想象了。"

"对了，怎么不见女王和蜜蜜呀？"怪怪老师沉浸在课堂里，这才忽然发现女王和蜜蜜不见了。

博多内疚地低下头："对不起，怪怪老师，我们把女王和蜜蜜给弄丢了……"

博多肯定不会想到，此刻的女王和蜜蜜正在华丽的公主房里做白日梦呢。

说也奇怪，好像公主房原来的主人早知道她们要来似的，在房间的衣柜里塞满了各式各样的漂亮衣服，镂空的丝质灯笼裙，浑身飘满落叶的蓝色荷叶裙，还有绣着各种花朵图案的蓬蓬裙……

女王头戴皇冠，穿着一条缀满碎钻的天鹅绒长裙，裙子很长，一直拖到地板上。女王站在大镜子前，两只手各牵着裙角的一端，面朝镜子里微微一笑，镜子里那位"女王"也微笑着回应了她。女王满意极了，时不时用食指拨弄一下皇冠上垂下的小珠子。

蜜蜜却没心思欣赏那些美丽的衣服，她焦急地在房里走来走去："哎呀，皮豆、博多他们找不到我们该急死了……"蜜蜜猛然想道："他们不会已经离开古堡，不管我们了吧……"说着，她吓得脸都白了。

女王光顾着欣赏镜子里的"美少女"了，根本体会不到蜜蜜焦灼的心情。她慢悠悠地说："放心吧，蜜蜜，我最了解博多了，他绝不会丢下我们不顾的。没准他们现在也在哪个房间里享受王子的待遇呢。"

女王说完，又拉开了角落里最后一扇衣柜的门，不禁吃了一惊。这个衣柜里竟然一件衣服也没有，只有一盏亮得耀眼的大灯泡。灯泡的光暖暖的，把衣柜烤得热烘烘的。

蜜蜜也看见了，惊异地喊起来："咦？好奇怪呀，好好的衣柜里，安这么一盏灯泡做什么呀？"

女王撇撇嘴，又开始显露自己的优越感："这你就不懂了吧？下雨天的时候，空气里湿气重，会把衣服弄得潮乎乎的，穿上很不舒服。安上这种灯以后，衣服就会又干又暖了。"

蜜蜜点点头，接着她又像发现新大陆似的喊起来："天哪，快来看呀，女王，电灯泡里好像有人呢……"

女王终于对蜜蜜的话有了反应，她探身往衣柜里一瞧，在烧得红红的灯芯里，果然有几个玉米粒大的小人儿在活动呢。

"他们在做什么呀？"蜜蜜吃惊地问。

"嘘——"女王把食指放在嘴唇上，示意蜜蜜不要说话。她们蹲在一边，静静地观察起灯泡里小人儿的活动来。只见他们穿着白衣服，戴着白帽子，在灯泡里转动得令人眼花缭乱。每个人手里，还拿着一根牙签一样的细棍儿，就好像擀面杖一样。在他们的旁边，有一个小小的砧板，上面摆放着一块块面包一样的焦黄的东西。

蜜蜜吸了下鼻子，她好像真的闻到了刚刚烘焙出来的面包的香味。这时候，女王的肚子恰好咕噜叫了一声，她也吸吸鼻子："好像真的有香味

啊，蜜蜜！"

"我也闻到了……"蜜蜜摸摸肚子，"都一整天没吃东西了，好饿呀！"

女王这时候也没心情摆弄衣服了，蜜蜜一提醒，她也觉得自己饿极了。她俩眼巴巴地望着灯泡里的小人儿烤出一个又一个面包，那诱人的面包香气丝丝缕缕地飘了出来。

"不如我们到处找一找，看看古堡里有没有厨房之类的地方，我真的饿得不行了……"蜜蜜噘着嘴巴。

她们沿着长长的走廊一直走，一直找。古堡里冷清极了，好像除了她们两个，连第三个人都没有，也别提有什么吃的东西了。

她们跑遍了三层楼的每个房间，什么也没发现，只好垂头丧气地回到了有小人儿做面包的衣柜旁，痴痴地望着里面的小人儿。

"真想也变成小人儿啊，只要能进去吃一口面包，让我做什么我都愿意！"这时候的蜜蜜，估计是真的饿坏了才会说出这样的话吧。

谁知蜜蜜刚说完这句话，不可思议的事情出现了。小人儿好像听见了蜜蜜的话似的，都抬起头朝女王和蜜蜜这边看过来。不仅如此，他们好像还唱起了歌，看起来很快乐的样子，歌声咿咿呀呀的。具体唱的什么，女王和蜜蜜都听不大清。

女王觉得这里的一切太诡异了，刚要拉着蜜蜜离开，只听"砰"的一声，衣柜里的灯泡突然灭了。女王和蜜蜜眼前一黑，耳边有个声音轻轻地说："欢迎来到'小人国'点心房，这里随时为您提供世间最美味的点心。"

女王吃惊地睁大眼睛，她的面前竟然出现了好几位穿白衣服、戴白帽子的侍者。他们从女王和蜜蜜身边来回穿梭，手里的托盘上摆放着各种花样的精美点心，点心旁边还有古色古香的咖啡壶呢。

侍者为女王和蜜蜜各拿了一个小瓷碟子，轻轻将一块点心放在上面，又为女王和蜜蜜各倒了一杯咖啡："请您慢用，我的女王陛下！"

女王吃惊地叫起来："他们竟然知道我的名字！"

因为实在是饿坏了，她们也顾不上许多了，不过，女王还是尽量保持着一个大家闺秀的姿态。她轻轻咬了一口点心，差点儿没把舌头吞下去！天哪，真的是太美味了！她又轻轻抿了口咖啡，味道香醇浓郁，女王从来没有品尝过这么好喝的咖啡。

这时候，侍者中走出来一位姑娘，她系着蓝围裙，头戴一个镶钻发箍，看上去朴素而美丽。她笑吟吟的，那抹笑容像温柔的月光，稍稍缓解了女王和蜜蜜紧张的心情。

"你们是来自外面世界的人吧？"姑娘开口了，声音像银铃一样清脆动听。

"这是什么地方呀？"女王没有回答她，反问道。

"你明明知道的呀，刚刚不是已经在外面参观过了吗？我们现在在灯泡城里呀！"姑娘若无其事地回答说。

女王差点儿被刚喝进去的咖啡呛着："怎么可能，你们难道是小人儿……"霎时，女王明白了，不是那些小人儿变得跟自己一样大了，而是自己跟蜜蜜变得与小人儿一样小了。

　　这时候，女王的心里充满了悔意："早知道就不跟蜜蜜随便乱逛了，现在这个局面可怎么收场呀？"她忽然想到了怪怪老师、皮豆和博多他们，不知道他们怎么样了。

　　女王想到这里，竟忍不住哭了起来。

　　姑娘依然微微笑着，轻轻地说："其实呢，我早已在此等候你们多时了！"

脑力大冒险

　　能边听故事边想象是一种语文学习的能力。亲爱的同学，女王和蜜蜜来到灯泡里的小人儿世界，你能想象到这是一幅怎样的场景吗？如果你和她们一起来到这里，你希望遇到什么神奇的事情？

第五章

魔法耳机

那位姑娘脸上仍然挂着微笑，女王和蜜蜜对视一眼："等候我们多时？你到底是什么人？"

姑娘没有回答她们的问题，她的目光盯着远方，开始幽幽地讲起一个故事来：

"很久以前，在一片黑崖上，有座中世纪古堡，里面住着一位公主。公主非常刁蛮任性，常做些不合常理的事，国王也拿她没办法。"

"有一年春天，老天不知为何突然眷顾这里，从未有过的生机降临到了古堡，到处春光明媚。紫罗兰、苹果花、红玫瑰，它们把城堡装饰得像童话里的花园一样美。附近的孩子们喜欢花，都来采摘。"

姑娘说到这里突然缓缓叹了口气："公主生气了，她不想让别的孩子分享这份美好，便命令城堡里的花匠们把花全拔了……"

"啊？"蜜蜜觉得不可思议，"这个公主太任性了，花能有什么错呢？"

姑娘注视了蜜蜜一会儿，说："可公主不这样认为，她不仅毁了花朵，还把它们的根都摧毁了……"

"后来呢？"女王问。

姑娘喃喃说着："公主任性的行为惹怒了花妖国的精灵们，它们命令花妖占领了城堡，将公主囚禁在了城堡最高处的塔尖上。"

女王吃惊极了："你是说，这座城堡的塔尖上……关着一位公主？"

蜜蜜也吃惊地问："花妖们占领了古堡，可我怎么谁也没看到呢？"

姑娘的笑容一下子消失了，她咬着牙说："其实有一些花妖并不想离开家园，卷入这种争斗中。他们只想躲在世俗纷争之外，自由自在地做些自己喜欢的事。"

蜜蜜好像明白了什么："难道这个灯泡，就是其中一些花妖的避世之地？"

姑娘点点头，又笑了笑。从她的笑里能感到隐藏着的无奈。蜜蜜环顾了下身边的环境，不禁感叹起来，如果姑娘不说这是在灯泡里，蜜蜜自己是无论如何也想象不到的。

女王和蜜蜜所在的这个房间是用野蔷薇和羊齿草装饰的，看起来特别温馨雅致，窗口挂着湖蓝色的亚麻窗帘，旁边一个小小的木桌上面摆着一个陶瓷花瓶，里面插着鸢尾、凤尾竹、紫罗兰和蔷薇花。

女王啧啧称赞起来："不愧是花妖们居住的地方，果然不同凡响呢。"

姑娘却不想再继续谈下去了："你们就在这里好好休息吧。一切事情的来龙去脉，明天你们就会知道了。"

可女王和蜜蜜不想等到明天了。姑娘离开后，她俩就开始寻求脱身之计。虽然置身于大灯泡里，但她们坚信，一定有一条秘密通道连接着外面的世界。

一想到外面的世界，她俩顿时有些泄气了。尤其是女王，都是因为她的虚荣才导致两人被困古堡，她心里特别不是滋味。即使她们找到了通道，离开了灯泡城，也还是在黑崖古堡里，又怎么谈得上外面的世界呢？

不过两人还是走出了房间，认真地打量起周围的环境来。让她们没想到的是，这个房间的后面竟是一个小小的院子，非常安静，充满了馥郁的花香。女王和蜜蜜几乎就要被这香味催眠了，都有些昏昏沉沉的。

这时，花园石凳上一个奇怪的物件引起了蜜蜜的注意，那是看上去像桃核一样的东西，上面刻满了深深的纹路，像一条条迂回的路线，不知道通向哪里。

"这是什么？"蜜蜜好奇地拿起"桃核"，左右打量一番，也没搞清这到底是什么。

这时，蜜蜜突然听到一个奇怪的声音，"吱吱吱"，很像某种乐器的微弱响声，蜜蜜和女王都吓了一跳。她们屏气凝神听了一会儿，终于搞清楚了，原来那个吱吱声竟然来自"桃核"里。

"这好像是个耳机啊，里面正在发出奇怪的声音，根本听不懂嘛！"女王诧异地说。

蜜蜜说："怪怪老师曾经讲过，要想听懂别人叙述的一件事，就要对叙述中不明白的地方及时提出来。不如我们现在就试试怪怪老师的提议吧！"

女王点点头："不错，他还说要听懂别人叙述的事，关键是用心倾听，展开联想和想象。我们就静下心来，好好听一下里面究竟是什么声音！"

蜜蜜点头表示同意，没想到怪怪老师讲的用心聆听的办法还挺管用，她们确实渐渐听懂了里面的声音。

一个声音说："听说最近猪笼草又出去干坏事了，还害了一位老师。"

接着，另一个细小的声音说："这下喇叭花村的花妖们又有得忙了，猪笼草吸收的力量增大一分，她们的危险就会多一分！"

"那'灯泡城'里的花妖会帮助喇叭花村吗？她们曾经可是一家人呢！"

"一家人又有什么用？'灯泡城'的花妖都不务正业，天天吃吃喝喝的，没事不是烤蛋糕就是喝咖啡，从来没想过分给我们一口……"

女王这时发现，花园石凳旁边有个小小的鼠洞，躲在洞口的两只小鼠精正在交头接耳地谈论着什么。

她恍然大悟，原来这"桃核"竟然是一只魔法耳机，能够让人听懂动物们的对话。她把自己的发现告诉蜜蜜，两人都觉得太不可思议了。

女王对蜜蜜使了一下眼色，她俩决定继续听下去。

"那样的好事你是不要想了，我们马上也要大难临头了。听说猪笼草的势力最近大增，就要占领整个黑崖古堡了。至于我们鼠城，还不知道何去何从呢……"

"如果那样的话，真是一场大灾难呢，估计连人类都要受连累了……"

"那是自然了，听说这次猪笼草毒死的那位老师是来自外太空的人，名字也很奇怪，叫什么'怪怪老师'……"

那两只小鼠精下面说的什么内容，女王和蜜蜜都听不下去了，她们的脑子里一遍遍回响着："怪怪老师死了，怪怪老师死了……"

女王一下子大哭起来："都怪我，肯定是我耽误了大家的计划，博多没能拿到解药……是我害了怪怪老师……"

蜜蜜却一反平常地镇定："我们要尽快离开这里，才能知道事情的真相。"

她低下头，想再去寻找那两只小老鼠的踪迹，发现刚才那两只扯闲篇的小鼠精正抬头惊恐地盯着她们看呢。

难道经过这魔法耳机的"翻译"，小老鼠们也听得懂人类的语言吗？

蜜蜜想起怪怪老师说过，对不懂的问题一定要提出来，她突然想："这样的沟通技巧应该在哪里都是管用的吧，不如现在就试一试！"

她灵机一动："嗨，老鼠兄弟，请问猪笼草与喇叭花村会有一场恶战吗？"

两只小鼠这时也发现了蜜蜜没有恶意，便放松了警惕，说："恶战即将开始了，那几位被害苦了的人类也参战了，不知道是不是要替'怪怪老师'报仇呢。"

女王赶紧擦擦眼泪，说："快告诉我们，他们在哪里？"

那只稍微肥些的老鼠朝鼠洞努努嘴："你进去看一下就什么都明白了！"

天哪，开什么国际玩笑！让女王和蜜蜜去钻那又脏又小的老鼠洞，再说了，她们又不会什么"缩骨功"，怎么可能进得去呢？

这时候，女王好像听到了从鼠洞里传来的呼喊声："快冲啊，猪笼草快

快告诉我们，他们在哪里？

被我们打败了！"

女王惊讶得张大嘴巴，说不出话来了，那竟是皮豆的声音！皮豆是什么时候来到这里的？竟然还帮着喇叭花村的花妖们去战斗了，这也太匪夷所思了吧。

她俩发誓要把事情搞个明白。正当女王又想细细查问的时候，鼠洞里的厮杀声好像越来越激烈了。小老鼠再也没闲情聊天，好像也有点儿着急了。

那只肥些的老鼠有些犹豫："总觉得我们该去帮帮忙，万一喇叭花村战败了，我们鼠城也吃不了兜着走！"

另一只瘦小的说："鼠婆婆已经去了，这些人类就是她邀请来的。"

女王刚要问什么意思，那两只老鼠突然一溜烟不见了。女王急了，后悔刚才没把事情问清楚："哎——回来把事情说清楚啊……"

她对着鼠洞大声喊起来，突然她又觉得自己的行为很傻，对鼠洞里的老鼠们喊话，她的声音应该像是天边的雷声吧，老鼠们怎么能听得懂呢。

正在女王郁闷的时候，小院子的木栅栏"吱呀"一声开了，那位穿蓝围裙、戴镶钻发箍的姑娘走了进来。她脸上冷若冰霜，原先的笑容一丝也看不见了。

"你们在这里做什么？"蓝围裙姑娘很生气，"不是告诉过你们等到明天吗？你们竟然擅自使用了我的魔法耳机，窃听了古堡里的重大机密！"

姑娘声音一沉："看来我这里你们是不能继续待下去了。"

蜜蜜小声说："我们不是故意的，这里面有很多误会。刚才外面有我们的同班同学……"

还没说完，蓝围裙姑娘就打断了她的话："废话少说，我的花田里正缺两位施肥工，就请去那里帮忙吧！"

在别人的地盘上，女王她们不得不听从人家的号令。可当她们站到花田边上时，立刻傻眼了。花田里鲜花朵朵，可与鲜花形成鲜明对比的竟是那摞在地基上的累累粪便。微风吹来的不是香气，是刺鼻的粪臭味儿。

女王和蜜蜜提着沉重的小桶，用小铁铲将粪便一块块铲到花的根部。她们不时抬起头，望望天边，哀叹一声："这种做苦工的日子到底什么时候结束啊！"

脑力大冒险

　　女王和蜜蜜使用魔法耳机，听懂了小老鼠的对话。如果动物们也能听懂人类的话，你最想和哪种小动物聊天？你们会说些什么话呢？写一写吧！

第六章

天花板里的药房

"我刚刚好像听到了女王的声音！"皮豆眨巴着眼睛说。

"快别胡思乱想，我们一定要集中心神，才能避免被猪笼草吸掉精力啊。"博多提醒他说，"猪笼草的势力越来越大，满山坡都是了，喇叭花村快顶不住了……"

怪怪老师苦着脸说："真没想到这些猪笼草这么厉害。糟糕了，我只能'冷冻住'一部分猪笼草的时间，但这么多猪笼草……"怪怪老师沮丧地摇摇头，望着漫山遍野的猪笼草，束手无策。

眼看着喇叭花村的花妖渐渐抵抗不住了，突然从北方刮来一阵奇风，裹挟着一股强大的力量。就一眨眼的工夫，那股风分散成无数的小旋风，每股旋风在空中快速旋转成一个旋涡，目标直冲猪笼草的捕虫笼。

刹那间，无数的捕虫笼被击落到地上。猪笼草们失去了"精力"的来源，都渐渐萎靡不振，无心再战了。

皮豆一见机会来了，大声喊起来："快冲啊，猪笼草就要被我们打败了！"

怪怪老师赶紧为大家披上隐身衣："孩子们，我们要速战速决，好抓紧时间寻找女王和蜜蜜呀！"

眼看着喇叭花村的花妖将猪笼草赶出自己的领地，怪怪老师的心终于放回到肚子里。这时候，那股神秘的风也突然消失了，像被一个神秘人操纵着似的，来无影去无踪。

"谢谢你遵守承诺帮助我们。"一位满脸皱纹的老奶奶对博多说，"真对不起，当初给你们药丸本是应该的，却要逼迫你们立下这个承诺，确实是不得已呀！"

怪怪老师不好意思地挠挠头："没关系呀，能够帮助喇叭花村，其实是我们的荣幸……"

说到这里，怪怪老师突然想起了一件事："对了，老人家，我想向您打听一件事情，我的两名女学生自从上次来到古堡后，就与我们失去了联络。我曾经向无数花妖打听，可都说没有见过，不知道您是否有什么线索。"

老奶奶眼珠一转："两位女学生……"

她眯缝着眼睛，好像在想什么，突然她点了点头："好吧，我会尽力帮你寻找的。如果有消息，我会立刻通知你！"

得到这样的回复，怪怪老师失望极了，他还以为老奶奶肯定会说出一些有价值的线索呢。

"好吧……"怪怪老师很无奈，看来寻找女王和蜜蜜只能靠自己了。

幽暗的灯光下，一个狭小的屋子里，满脸皱纹的老奶奶死死盯着墙上的一幅画，上面画的是一株淡粉色的小花，花朵在微风中颤动着，看起来楚楚可怜。

老奶奶的眼睛里突然有泪花开始闪动，她一转身，眼泪立即落下来了。她注视了那朵小花一会儿，然后拿起放在门后的一根拐杖，静静走出了房门。她喃喃自语："不知道小葵这次又要搞什么鬼啊！"

远远地，老奶奶隐约看见花田里有两个女孩子的身影在晃动。"看来怪怪老师说的那两个女学生真的被困在这里了……"老奶奶紧皱着眉头，"这下可糟糕了！"

女王和蜜蜜已经在花田里施了整整一天肥，中午的时候她们只吃了两小块奶油蛋糕，早就饿得两眼昏花，肚子咕咕叫了。

"女魔头让我们给这一大片花田全部施一遍肥……这简直是要命啊！"女王累得直抱怨。她的手上磨出了两个血泡，疼得直咧嘴。她从小养尊处优惯了，平时只要书包重一点儿爸妈都会帮忙提，可现在……女王望着那根本看不到边际的花田，心里翻涌着绝望的情绪。

她一转身，猛然发现身边站着一个黑影子，不由得吓一大跳。仔细一看，原来是一位满脸皱纹、手执拐杖的老奶奶，她这才松了一口气。

但女王警惕性仍不放松，她试探地问道："您也是这里的施肥工吗？是被那女魔头抓来的吧！"

蜜蜜偷偷转过头对女王说："老奶奶好可怜，这么大年纪……"

"我可不是什么施肥工……"她的话还没说完，就被老奶奶打断了。老

奶奶粗声粗气地说："我是小葵的母亲，也是鼠城的统领……"

女王和蜜蜜大吃一惊，蜜蜜有些不解，她小心翼翼地问："那女魔头……"

老奶奶用不解的眼神看了蜜蜜一眼。"女魔头？"然后她脸上猛地现出恍然大悟的神情，"你是说小葵？"

"呵呵……"老奶奶好像听到了什么笑话似的，"听说你们还是受过教育的学生，可怎么连话也不会说呢！"

一句话把女王和蜜蜜弄得尴尬极了，蜜蜜偷偷说："幸好怪怪老师和皮豆不在，不然又要出洋相了！"

女王点点头："怪怪老师说过，在我们日常交际中，会转述，能完整叙述一件事，不添加不减少，是一种非常重要的语言能力。看来我们做得都不好。"

蜜蜜郁闷地说："是呀，我们的本意是想好好与老奶奶交流，没想到因为没有叙述完整，导致她曲解我们的意思，现在她生气了，这可怎么办呀？"

"不如我们用怪怪老师教过的办法，慢慢说，认真沟通，看看会出现什么效果吧！"

这时候，女王理清了思路放慢了语调，从头讲起来，争取得到老奶奶的理解。等她把自己看到、听到的事情的来龙去脉都讲清楚了，老奶奶这才消了气。

这时候，黑暗里，一个声音忽然响起来："您怎么来了？"

女王和蜜蜜不约而同地看向说话的人，发现竟是那位蓝围裙姑娘。她气鼓鼓地盯着老奶奶，好像受到了莫大的伤害；她又两眼含泪，好像受了莫大的委屈。

老奶奶脸上现出一丝伤感的神情："小葵，你为什么要罚她们？这两位都是我们的朋友，是来帮助我们的……"

谁知道小葵丝毫不领情："她们无论是好人还是恶人，好像都跟您没什么关系吧？"

老婆婆的神情更加愁苦了："你还在为当年的事情恨我吗？那件事已经过去这么久了，难道我们至今仍要耿耿于怀吗？"

女王和蜜蜜听到这里一头雾水。

女王小心翼翼地问了一句："你们到底在说什么呀？"

这时候，老奶奶轻轻扭过头来，脸上的皱纹好像更深了，一道道的。她深深叹口气，向女王和蜜蜜讲了这样一个故事：

"想当年，花妖将公主囚禁，占领了古堡之后，他们就开始将古堡当作自己的家。但这时，他们竟然在古堡里发现了一个小小的鼠城。鼠城里非常混乱，没有统领，所以老鼠们经常乱跑乱窜，甚至还会搞乱花妖们的生活。

"这让大家都很烦恼，经过讨论，大家决定推选一位德高望重的花妖去鼠城担任统领，整治鼠城。没想到大家竟然推选了我。有一部分花妖不同意这个结果，他们为了发泄不满，便发生了内斗，花妖内部开始分裂。一小拨花妖不堪其扰，藏到灯泡里躲避乱世，形成了灯泡城。还有一拨具有野心的花妖则成立了雾国。"

"雾国？好奇怪的国家名字呀！"蜜蜜嘀咕起来，"是不是一年到头都被大雾笼罩呢？"

老奶奶顿了顿，继续说下去："灯泡城由一小拨避世的花妖占据着，雾国里则住着很多奇人异士。我的女儿小葵常年住在灯泡城里，她喜欢自由自在的日子，在灯泡城种了这一大片花田。偶尔我会回来看看她，但她对于母亲离开自己去鼠城担任统领，感到很不理解，所以……"

女王有些不解地问："那猪笼草是怎么回事？"

鼠婆婆又叹口气说："很多花妖不愿意选择鼠城、灯泡城和雾国中的任何地方，他们选择在古堡的喇叭花村里住了下来，猪笼草也是花村里的一员。可最近不知道为什么，喇叭花村的猪笼草频繁闹事，谁也搞不清其中的缘由。"

女王和蜜蜜听了都忍不住点点头，没想到古堡里竟然如此错综复杂，真是不可思议。

这时候，远处忽然传来一个人的声音："鼠婆婆，不好了……鼠城里有大事发生了……"女王和蜜蜜心头一热，这声音太熟悉了，不是怪怪老师是谁呀！

只见怪怪老师瞬间出现在了老奶奶身边，身后还跟着皮豆、博多、十一和乌鲁鲁呢，原来大家都在呀！

皮豆最先发现了躲在鼠婆婆身后的女王和蜜蜜，惊奇地叫了起来："我的天哪，快看啊，这里竟然有我们苦苦寻找的两个人啊！"

这时候，女王身上还穿着古堡衣柜里那件荷叶裙，她突然觉得愧对怪怪老师。原来怪怪老师并没有死！她又激动又兴奋。

怪怪老师好像很着急似的，顾不上对女王和蜜蜜说话了："鼠婆婆，不好了，猪笼草溃败后，将自身的毒性留在了鼠城，现在你们那里已经鼠疫横行了……"然后他为难地望着鼠婆婆，不忍再说下去："好多鼠兄弟都病倒了，你快去看看吧……"

鼠婆婆大吃一惊，她回头看了一眼小葵，眼神里混着复杂的神情："我们走……"

怪怪老师立刻启动了时空穿梭术，他们像坐着时间列车似的，很快就来到了鼠城。大家都被眼前的情景惊呆了，仿佛是世界末日到了！

鼠城的天空灰灰的，蒙着一层厚厚的雾霾，大街小巷里横七竖八地躺着老鼠，痛苦地呻吟着。

怪怪老师的脸色极其严肃，鼠婆婆全身都忍不住哆嗦起来了，嘴里不住地说着："怎么办，怎么办……"

"鼠疫自古以来就是很难根治的，况且这场鼠疫是由具有魔力的猪笼草传播的，所以恐怕……"怪怪老师无奈地说。

"那就毫无办法了？"鼠婆婆眼神里透出了绝望，怪怪老师也沉默着不说话了。

"或许也不是完全没有救……"怪怪老师的眉头紧紧皱着，"我曾经在书上读到过关于鼠疫的救治方法，里面说在遥远的雾国有一种神奇的药草，不仅可以治疗普通的病症。还能治疗一些世间从未出现过的疑难杂症，或许这种药草会有效呢。"

鼠婆婆好像在思索着什么，嘴里喃喃自语："雾国，雾国……"

怪怪老师问鼠婆婆："你知道雾国在什么地方吗？"鼠婆婆眼神突然变得怪怪的，她的目光落到博多身上，然后又从博多身上转移到乌鲁鲁身上，最后落到皮豆身上不动了。

鼠婆婆自上而下打量起皮豆来，她怪异的眼神弄得皮豆起了一身鸡皮疙瘩。皮豆悄悄溜到十一身后，想躲起来。

鼠婆婆突然说话了："雾国我当然知道在哪里，但是解药还是需要派一个合适的人前去……"

皮豆打了个寒战："不是吧，为什么受伤的总是我……"他的眼珠滴溜溜地转："不会又是要我去当诱饵引诱怪物吧？"

鼠婆婆突然微笑起来："当然不是让你去引诱怪物了，这次只是……让你去天花板里转一转！"

脑力大冒险

　　怪怪老师用一句话,简洁而清晰地向鼠婆婆交代清楚了鼠疫的来龙去脉,鼠婆婆很快就明白发生了什么事情。

　　可是皮豆做不到这点,常常因为说话不当而带来误会。比如前几天,学校举行运动会,皮豆对十一说:"十一,你最好只参加短跑和长跑,跳高、跳远你就不要报名了。"皮豆的本意是十一个高腿长,最擅长跑步。可是,十一却误以为皮豆觉得他跳高、跳远不行,于是很生气地说:"算了,我哪个项目也不参加。"如果你是皮豆,你会怎样向十一解释来消除这一误会?假如你是十一,后来知道自己误会了皮豆,你又打算怎样去向皮豆道歉?

　　皮豆说:＿＿＿＿＿＿＿＿＿＿＿＿＿＿＿＿

＿＿＿＿＿＿＿＿＿＿＿＿＿＿＿＿＿＿＿＿＿＿＿

　　十一说:＿＿＿＿＿＿＿＿＿＿＿＿＿＿＿＿

＿＿＿＿＿＿＿＿＿＿＿＿＿＿＿＿＿＿＿＿＿＿＿

第七章

打碎了雾国的陶壶

皮豆惊讶得眼珠瞪得溜圆："我没听错吧，去……天花板里……"皮豆的眉头紧紧皱着："鼠婆婆，难道你忘了吗？我们现在是在鼠城呀，这里到处是老鼠洞，哪里有什么天花板呀！"

鼠婆婆摇摇头："黑崖古堡里除了喇叭花村外，还有三个独立的组成部分，分别是'灯泡城''鼠城'，还有一个就是'雾国'了！"

怪怪老师忽然正色说："鼠婆婆的这番话很重要，大家一定要仔细聆听，认真归纳出要点，而且要能够做到简要叙述她说的内容！这也是我们语文学习中的重要能力：仔细聆听、归纳要点、简要叙述的能力！"

鼠婆婆接着说："其实，这三座城镇错综复杂而又相互关联，灯泡城与鼠城彼此相通，所以我们能在这两座城镇里自由穿行。但是雾国则不然，那是一个极其神秘的地方，只有一条通道能够到达那里……"

皮豆绝望地说："就是古堡的天花板？"

鼠婆婆点点头说："不错，你要立刻离开鼠城到雾国去，而且必须在午夜十二点之前拿到解药并离开雾国……"

女王很不解："怎么可能会把时间算得那么准，如果我们晚了一点儿呢？"

鼠婆婆脸上突然现出忧郁的神情："晚一点儿，那里的大雾就会把任何外来的人吞没，就很难回来了！"

"天哪！"鼠婆婆一席话把皮豆吓坏了，"我不去啊，让博多去，他鬼点子多，一定可以渡过难关的……"

但鼠婆婆的主意好像不容更改了，因为怪怪老师已经启动了时空穿梭术，一阵大风呼啸着吹过，大家已经置身于古堡中心的大殿里了。

"据鼠婆婆所说，这个大殿是去往雾国的必经之路，事不宜迟，我们开始行动吧！"怪怪老师说。

皮豆这时再畏缩不前已经没用了，只好乖乖就范，任凭怪怪老师处置。只见怪怪老师不知道从哪里弄来一把小梯子，默默念了几句口诀，梯子竟然慢慢长大，变得有两个皮豆那样高了。

但是梯子竟然还是够不到天花板，怪怪老师转转眼珠："皮豆，这次只能麻烦你牺牲下自己了，等会你爬上梯子，然后做出平时练霹雳舞的姿势……"

怪怪老师没说完，皮豆不干了："那是小时候干的事，我早就不练那玩意儿了，我现在练的是……"皮豆正说得带劲儿，发现女王正瞪着自己，他咧着嘴说："我去……我去还不行吗？"

皮豆只得慢腾腾地爬上了梯子，在梯子的最高处做出了"霹雳舞"的姿势，没想到他的头发竟然真的碰触到了天花板。

令人不可思议的一幕出现了。

皮豆头顶处那一小块天花板竟然一下子消失了，随之出现一个窟窿。那里面漆黑一片，伸手不见五指，皮豆不禁又犹豫起来。

这时候，女王使出了激将法："皮豆啊，成败就在此一举啦！"

皮豆心一横，手攀住了洞的边缘，一下子跃进了黑洞里。

博多忧心忡忡地看着皮豆消失在天花板里，转过头问怪怪老师："让皮豆一个人去是不是太危险了？"

怪怪老师若有所思地沉吟了一会儿，说："既然鼠婆婆这么决定了，就当作皮豆人生的一个历练吧！"

皮豆沿着一条漆黑的小道往前走，周围安静得吓人，他的脚步声"啪嗒啪嗒"地响在狭小密闭的空间里。

鼠婆婆的话又在他脑海里泛起，皮豆按照怪怪老师的意思，简要归纳了鼠婆婆讲的内容，并喃喃地叙述出来："必须在午夜十二点之前赶回来，如果晚一点儿，那里的大雾就会把任何外来的人吞没，就很难回来了……"皮豆想到这里，鸡皮疙瘩都起来了。

走了几十米远，雾气一下子加重了，皮豆几乎寸步难行。这里的雾奇怪得很，像是黏稠的强力胶似的，皮豆每走一步，皮肤都被拽得生疼。过了不一会儿，甚至连呼吸都觉得有困难了。

皮豆努力睁大眼睛，他的心底忽然有了一丝希望，就在离他不远的地方，依稀能看见淡淡的灯光，影影绰绰的，像是点着一盏红灯笼。皮豆挣扎着跑过去，走近一看，竟是一家小小的商店。

皮豆想也没想就走了进去。真是奇怪极了，这家小店就像雾国里的避难港似的，一走进来，呼吸立刻顺畅了。他的心里又打起了小算盘："倒是可以向店主打听一下哪里有药材商店。"

这是一家小杂货店，里面好像什么都卖，什么敲铁皮架子鼓的小丑啦，冬天用来取暖的手炉啦，绿漆都斑驳了老得不能再老的留声机啦，等等。

皮豆小声嘀咕着："那么老的留声机，估计只会'刺啦刺啦'响吧！"他不动声色地环顾一周，店里空荡荡的，没有店员，更别提买东西的顾客了。

他在店里来回踱了好几步，最后干脆在小店角落里的一个木凳上坐了下来。茶几上有个小陶壶，壶嘴里冒着热气。皮豆盯着陶壶看了会儿，突然觉得嗓子干干的，便端起陶壶咕嘟咕嘟地喝起来。

"天哪！这里面到底是什么东西呀？"皮豆差点儿干呕出来，那壶里面盛着的原来并不是热茶，倒像是一壶中药汁，喝在嘴里苦苦的。

皮豆咧着大嘴，苦兮兮地直吸气。这时候，身后的花布门帘里突然窜出一个人的身影来："嗨，你好大的胆子，竟敢偷喝我的药草茶！"

皮豆吓了一跳，回头一看，他的背后竟站着一个看上去不过八九岁的

孩子，那孩子头上扎着两个奇怪的发髻，有点儿像《西游记》里的红孩儿。

皮豆嗫嚅起来："啊……我实在是渴坏了。"

他一向能言善辩，现在见到这样一个小孩子，竟然不知道该说什么才好。他想了半天，才挤出一句："要早知道那是药草茶，打死我也不会喝的……"

小孩子鄙夷地看了皮豆一眼，然后一屁股坐在了茶几上，显然没把皮豆放在眼里。皮豆觉得尴尬极了，一时间把想要问的事情忘得一干二净了。

这时候，月亮从云层里露出了头，把月光倾泻到地板上，为黑夜里的房间镀上了一层银光。皮豆一见到月亮就想起了鼠婆婆说过的话："午夜十二点钟之前一定要离开雾国，否则就会被大雾吞没……"

他一个激灵从木凳上跳起来，也顾不上什么面子了，径直问道："听说雾国有一个神秘的药房，里面有专门治疗鼠疫的草药，不知道你听说过没有？"

谁知那孩子竟朝皮豆翻翻白眼，对他的话充耳不闻。皮豆有些急了，猛地把手里的陶壶往桌上一放，"啪"的一声，陶壶碎了，里面深褐色的药汁流了出来。

这是皮豆意料之外的，他本来只是想吓唬一下那孩子，没想到这陶壶竟这么脆弱，还没怎么用力就碎了。

皮豆站在那里，不知所措。"红孩儿"竟幸灾乐祸地笑起来："哈哈，这就不能怪我啦，现在治疗鼠疫的草药已经被你糟蹋了，你可以回到那个讨人厌的古堡里复命啦！"

皮豆完全没有预料到，事情本来好端端的，却被自己一手搞砸了。他抬起头看看墙上的大钟，还有一刻钟，就到鼠婆婆说的午夜十二点了，可是到现在为止，他还没拿到治疗鼠疫的药，怎么有脸回古堡呢？

想到这里，皮豆竟然号啕大哭起来。他哭得撕心裂肺的，声音穿透了雾国的层层迷雾，传到了遥远的古堡深处。

正抹眼泪的时候，他的肩膀不知被谁拍了一下，虽然只是轻轻一下，但皮豆仍感受到了那种力度。

"别碰我!"皮豆没好气地说。

"嘿嘿……"一个听起来有些苍老的笑声传来，"你不是来拿药草茶的吗? 怎么反倒在这哭天抹泪的! "

皮豆一听这话立即不哭了，赶紧擦擦眼泪，转过身来。当他看清了说话人的脸后，心不禁怦怦跳起来。

那是一个上了年纪的人，他的面孔实在是有些奇怪，两道长眉下的眼睛闪着狡黠的光，大大的眼窝深陷进去，双颊却显露出可爱的酒红色。不经意的一瞥，仿佛能看透人的心思!

皮豆被吓住了，直到"红孩儿"在他眼前挥了挥手，他才回过神来。

"我师傅都说了要把药茶送给你，这下你不必担心了吧! ""红孩儿"一脸不服气的神情，"师傅就是太好心了，要我说，就不能救鼠城里那群老鼠。它们无恶不作，有的还无法无天，跑到这儿来咬坏店里的物品。我反正对它们是容忍不了! "

"红孩儿"抱怨的话并没惹怒那位神秘的老者，相反，他很和蔼地笑了笑，说："快带着药茶回去消灭鼠疫吧! "

皮豆难堪极了："可那壶药茶已经被我打翻了……"

"没关系，"神秘老者脸上依然挂着略有些奇异的笑，"只要带着这陶壶的一块碎片回去，鼠婆婆自然知道该怎么做。"

　　神秘的老者将一块陶壶碎片递到皮豆手里："快回去吧，午夜十二点的钟声马上就要敲响了！"

脑力大冒险

　　在雾国漆黑的小道上，皮豆回想起了怪怪老师说过的话，并简单归纳了鼠婆婆话的要点。这句话是什么？你能用最简单的话叙述本章节的故事吗？

第八章

"潜伏"在喇叭花村

皮豆接过那陶壶碎片，转身走出杂货店，然后在街道上跑了起来："时间啊时间，你可千万要与我步伐一致啊，否则我可惨了！"

他的步子渐渐有些乱了，呼吸也变得急促起来。雾越来越重，慢慢地，皮豆的身影看不清楚了……

古堡里，伙伴们还在焦急地等待着皮豆的消息，鼠城疫情严重，大家把所有的希望都寄托在皮豆身上了。

"马上十二点了，你说皮豆会出现吗？"蜜蜜紧紧抓着女王的手。

"没问题的，皮豆这家伙总会有些好运气……"女王紧紧攥着拳头，也为皮豆紧张起来，所有人都屏气凝神地等待着。

"当当当……"钟声开始敲响，可皮豆依然没有出现，绝望的情绪蔓延开来。就在敲响最后一下钟声的时候，天花板里突然传来了"咣当咣当"的声音！紧接着黑洞突然开了，从里面跌出个人来，这不是皮豆又是谁呢?

蜜蜜激动得哭了:"皮豆终于平安回来了!"

怪怪老师看皮豆的手里并没有任何草药，只捏着一小块陶片，不禁摇了摇头，开始为鼠城的命运担忧起来。

皮豆来到鼠婆婆跟前，将小陶片递给了她。鼠婆婆一见那小陶片，手轻轻颤抖着:"谢谢皮豆，感谢你救了鼠城!"

鼠婆婆高举着陶片说:"这是块神奇的陶片，只要将它放入鼠城地下的暗河，这里的鼠疫就会被消灭了!"

所有人都高声欢呼起来，可是，令人不解的是，这时鼠婆婆的脸上竟现出一丝阴霾，好像并不觉得这是件值得高兴的事。

但皮豆可顾不上那些了，他的脸上汗津津的，眼睛里闪烁着兴奋的神情。毕竟是第一次独立完成如此光荣而重大的任务，他倍感自豪。

怪怪老师拍拍皮豆的肩膀，高兴地说:"皮豆真是好样的，我这里为你记一功!"

接着他话锋一转:"好啦，孩子们，鼠城的鼠疫被消灭了，我想我们该回学校上课了。出来这么久，我都快忘了语文课程的进度了!"

博多立刻提醒他说:"我们该学习日常交际中要使用普通话这一内容了!"

怪怪老师点点头:"对对对，学好普通话对我们每个人都是至关重要的，无论是日常交流，还是将来的升学、工作，都要求我们学好普通话!"

"是啊,"蜜蜜点头,"如果我们出远门,总说一口家乡话,肯定会影响与人沟通交流的。幸好我的普通话说得不错!"

怪怪老师说:"学好普通话,一定要多听,听新闻、广播,并注意其中的语调变化;再就是跟读,就是跟着普通话标准的人学,他说一句,你就跟读一句,决不能磕磕绊绊地说话!"

博多补充了一句:"对对,说普通话一定要想好再说,可以适当放慢语速,这样才会有好的效果!"

怪怪老师满意地点点头:"我们走!"说完,他启动了时空穿梭模式,光线一下子变暗了,大家在时空隧道里站着一动不动,生怕一不小心掉进时间的黑洞里。

这时,突然传来了一声尖叫,像是在喊"救命"!不一会儿,声音竟越来越近,大家向声音传来的方向望去,居然看见一个粉红色的影子被一股巨大的力量裹挟而来。

"糟糕!"怪怪老师喊了一声,"一定是我用力过猛,把黑崖古堡的一个小花妖卷进时空隧道了……"眼看小花妖就要失去重心,掉进时间黑洞,怪怪老师立刻飞身拽住了她。

大家终于顺利通过时空隧道,回到了教室里。

小花妖眼泪汪汪的:"我错了,你们不要抓我,请饶了我,放我走吧!"这莫名其妙的话让大家摸不着头脑。蜜蜜温柔地问:"小花妖,发生什么事了?"

　　小花妖吞吞吐吐的，好像有些难为情："对不起，我一直在跟着你……我没有别的意思，我就是觉得你的粉红连衣裙太好看了，以为你是我们村新来的居民呢。"

　　蜜蜜恍然大悟，怪不得她在黑崖古堡的时候总是感觉怪怪的，觉得有人在跟踪她，开始还以为是皮豆在跟她恶作剧呢。

　　大家这才仔细地打量起小花妖来。她全身都是淡淡的粉色系衣服，甚至连皮肤都散发着一种淡粉色的光芒，只有头发是黑的，上面插了一朵淡粉色的喇叭花。

请叫我小喇叭吧!

原来是一朵小喇叭花妖，她不好意思地说："请叫我小喇叭吧！"

女王开心地对她说："欢迎来我们学校做客！"

小喇叭好奇地看着这个与黑崖古堡截然不同的地方，到处都是高大的梧桐树，校园里绿荫遍地。阳光从树叶缝隙洒落下来，在地上形成碎金子似的光斑。

"这个地方好美呀！"小喇叭欢呼着，但随即，她脸上又一下子暗淡了下来，"我再也不想回到黑崖古堡了，那里处处充满危机！"

小喇叭花的话令大家大吃一惊，怪怪老师狐疑地问："发生什么事情了？"

小喇叭摇摇头："具体情况我也不清楚，但我总觉得那里每个人都怪怪的，尤其是我们喇叭花村的大巫师。他每天晚上都把自己关在屋子里，鼓捣那些瓶瓶罐罐，也不知道在搞些什么！"

怪怪老师的眉头皱了一下："喇叭花村的大巫师……"他喃喃自语着，好像在想些什么。

皮豆在后面大声嚷嚷起来："我们快去食堂吧，去晚了，我最爱的'腊肉荷兰豆'可就没啦！"

怪怪老师站在那里一动不动，仿佛沉浸在无边思绪里。过了一会儿，他突然说："不好了，我们得立刻回黑崖古堡一趟，我有种不好的预感，那里有大事要发生了。"

大家还没搞清楚是怎么回事，怪怪老师就再次启动了时空转换模式，空气

立刻变得清凉起来，场景随即变换，宽敞明亮的教室变成了阴森森的古堡。

怪怪老师问小喇叭："快告诉我，去喇叭花村的路怎么走？"

小喇叭愁眉苦脸地说："喇叭花村外人是进不去的，我们花村的居民都有特殊的标志，比如我吧，头顶上的喇叭花就是我身份的象征。"

怪怪老师听了小喇叭的话，眯着眼睛沉思起来。过了一会儿，他的眼神落在蜜蜜身上。上上下下打量了蜜蜜一会儿后，他脸上露出了喜色："我有办法了！"

怪怪老师一把拉过蜜蜜，像变戏法似的，吹了口气，蜜蜜就变了个样子：裙子倒还是原来那件粉红色的，只是蜜蜜的脸庞、眼睛、鼻子都变得粉粉嫩嫩的。尤其是她的头上，还插了朵粉红色的喇叭花呢。

皮豆惊讶地说："怪怪老师什么意思呀，蜜蜜快变成一朵喇叭花啦！"大家都不解地看着怪怪老师。

怪怪老师点点头："不错，我是要派蜜蜜去喇叭花村当'卧底'，现在只有这个办法才能搞清楚藏喇叭花村里的秘密，进而换来黑崖古堡真正的平静生活。"

怪怪老师期盼地望着小喇叭花："蜜蜜就交给你了，希望你能好好照顾她！"小喇叭做了个立正的姿势，拍一拍胸脯："保证完成任务！"

"潜伏行动"正式开始了！

蜜蜜跟随着小喇叭来到了喇叭花村，不禁被眼前看到的一切惊呆了。这里不愧是鼎鼎大名的"花妖王国"，到处是各种各样的花朵组成的造型。

　　花妖们住在像野菊花的房子里，房屋顶上缀满了菊花的黄蕊，看上去新鲜别致。一辆长得像风信子的公交车"呜呜"开了过来，吓了蜜蜜一大跳。附近还有一家快餐店，像一朵妖艳的蝴蝶兰。

　　小喇叭有了新朋友，觉得特别兴奋，她拉着蜜蜜满花村乱转，最后她们来到了一座木结构的房子前面。这房子看起来奇怪极了，墙壁上刷着粉红、

深红、酒红等各种颜色，而墙壁最上面竟然光秃秃的，蜜蜜觉得这太不可思议了。"这座房子没有屋顶呢！"蜜蜜说。

"这是我们喇叭花村的小学校，大巫师建造了这座房子，他说只有充分接受阳光的照射，我们花妖才会有力量……"

"可我看这里其他房子都是有屋顶的呀！"蜜蜜不解地问。

"喇叭花村其他房子的屋顶都是特制玻璃做的，阳光很容易穿透，但这座学校不同，大巫师说……"

小喇叭刚要说话，一个冷冷的声音打断了她："小喇叭……"

蜜蜜闻声回头，不禁暗暗吃惊。眼前站着的这个人实在是太与众不同了，他看上去足足有两个蜜蜜那么高，但身上瘦得成了皮包骨，像是一株营养不良的狗尾巴草。

小喇叭轻声告诉蜜蜜，这就是大巫师。

"这是谁? 好像从来没有见过……"大巫师忽然看见了蜜蜜，警惕地问。

"哦，这是我一个远房表妹……"小喇叭结结巴巴起来，"她身体不好，一直躲在家里养病……"

"好了……"大巫师打断了她，"我们开始上课吧！"他拔腿走进了那座没有屋顶的房子。蜜蜜这才长吁一口气，把心又放回肚子里。

大巫师倒很有几分怪怪老师的风度，他敲敲桌子："我们今天要复习一下上节课学过的魔法内容……"

说到这里，他忽然想起什么似的，一下子叫起了蜜蜜："这位同学，你是

第一次来,说说你都会些什么魔法吧!"

蜜蜜一下子紧张得不知所措起来,她结结巴巴地不知道该说些什么:"我,我,我还没有接触过魔法呢……"

脑力大冒险

上完怪怪老师的普通话课,同学们爱上了绕口令。你的普通话说得好吗?试着念念以下绕口令,看看你还有哪些发音需要加强练习。

单韵母练习

坡上立着一只鹅,坡下就是一条河。宽宽的河,肥肥的鹅,鹅要过河,河要渡鹅。不知是鹅过河,还是河渡鹅。

鼻韵母练习

扁担长,板凳宽,扁担没有板凳宽,板凳没有扁担长。扁担绑在板凳上,板凳不让扁担绑在板凳上。

复韵母练习

出南门，走六步，见着六叔和六舅，叫声六叔和六舅，借我六斗六升好绿豆；过了秋，打了豆，还我六叔六舅六十六斗六升好绿豆。

唇音练习

粉红墙上画凤凰，红凤凰，粉凤凰，粉红凤凰，花凤凰。

舌尖中音练习

有个面铺门朝南，门上挂着蓝布棉门帘，摘了蓝布棉门帘，面铺门朝南；挂上蓝布棉门帘，面铺还是门朝南。

舌根音、舌面音练习

一班有个黄贺，二班有个王克，黄贺、王克二人搞创作。黄贺搞木刻，王克写诗歌。黄贺帮助王克写诗歌，王克帮助黄贺搞木刻。由于二人搞协作，黄贺完成了木刻，王克写好了诗歌。

第九章

变成了喇叭花

　　大巫师摇了摇头："没接触过魔法可有点儿糟啊。"他咳嗽了一声，说："上节课我们学习了很多魔法，大家一定要记住，将来的某一天我们肯定会用到它们。现在摆在我们眼前的障碍很多，不仅有灯泡城的那些花妖，还要对付强大的鼠城和雾国，所以我们一定要加强戒备……"

　　蜜蜜听了这些话，心脏立即怦怦跳起来。直觉告诉她，大巫师正在密谋一个大计划。她向小喇叭使使眼色，小喇叭立即领会了蜜蜜的意思。

　　小喇叭伸了个懒腰，走到大巫师身边，有些撒娇地说："我最最敬爱的大巫师，我们为什么要对付古堡里的其他花妖啊，灯泡城里还有很多我的好姐妹呢。还有鼠城，虽然我并不喜欢那些老鼠们，但是自从鼠婆婆整治一番后，那里的情形也改观了不少，现在老鼠们已经很少到我的房间里咬坏东西了。"

大巫师看来挺宠爱小喇叭的,他微笑着说:"这里面的事情,小孩子还是不要知道的好。你只需要记住,将来的某一天,我会成为整个古堡的首领,只要你听话,我会让你做古堡里的公主。"

小喇叭一时愣了,她很不情愿地说:"我只希望古堡里的花妖快快乐乐地生活,并不希望做什么公主。"

大巫师好像有些恼怒:"眼下的情形,也由不得我们了。自从猪笼草的力量遭到重创,我对古堡的控制力已经削弱了很多。现在鼠婆婆重新掌握了权力核心,我真是有些不甘心啊。"

蜜蜜忽然有些明白了,她暗自思索:"原来猪笼草的幕后指使人是大巫师,怪不得猪笼草宣称要控制整个古堡呢,原来这都是大巫师的意思啊。"

蜜蜜立即下定决心:"不行,必须火速把这里的情况告诉怪怪老师,让他提早行动,否则一旦大巫师控制了整个局势,那灯泡城的花妖就有危险了,鼠城和雾国没准也会遭殃的……"

想到这里,蜜蜜变得有些心急了:"怎么才能把消息传给怪怪老师呢?"蜜蜜一时拿不定主意,求助地看着小喇叭。

小喇叭悄悄凑到蜜蜜的耳边说:"我的喇叭花蕊里有片小小的魔镜,那是属于我的特有的魔力。只要你对着魔镜念出怪怪老师的名字,你们就能通过魔镜对话了。等会儿我会想办法拖住大巫师,你赶紧把这里的情况告诉怪怪老师吧。"

蜜蜜欣喜地从小喇叭头顶的花蕊里取出了魔镜,趁大巫师不注意,赶

紧对着魔镜念出了怪怪老师的名字。

不一会儿的工夫,她就透过魔镜看到了怪怪老师和同学们。大家正在焦急地等待着她呢,只有皮豆困得趴在桌上睡着了。

怪怪老师也看到了蜜蜜的影像出现在眼前,喜出望外。

蜜蜜知道时间紧张,只能长话短说。她焦急地将大巫师的计划告诉了怪怪老师,还告诉他大巫师就是猪笼草的幕后指使人,他正要发动一场暴乱,想要控制整个古堡呢。

怪怪老师的表情一下子严肃起来,他喃喃自语说:"怪不得古堡里麻烦不断,原来根源在这里。"

皮豆听到说话声,从梦里醒来了。他一个劲儿地唠叨:"蜜蜜还真是不赖呢,就凭这也可以记一功!"

这时,博多悄悄在怪怪老师耳边低语了几句,怪怪老师的神色立刻严峻起来。皮豆不知道他们的谈话内容,不满地说:"什么意思?这也不算是重大机密吧,没必要偷偷摸摸的!"

怪怪老师焦急地说:"皮豆,不要再添麻烦了,我必须赶紧停止与蜜蜜通话,不然就要被大巫师发现了。"

怪怪老师切断了与蜜蜜的通话。蜜蜜手忙脚乱地收起了小喇叭的魔镜。可就在她匆忙整理自己的裙子时,突然发现大巫师的表情有些异样。

大巫师眉头一皱,说:"原来你并不是真的喇叭花,我早就看你奇奇怪怪的,说!你是不是鼠婆婆安排进来的?"

他嘿嘿冷笑起来，那声音让蜜蜜不寒而栗："不过，这也无所谓。既然你这么想做喇叭花村里的一朵喇叭花，那我就帮你实现愿望吧！"

他的口中开始念念有词。小喇叭惊慌地拉起蜜蜜的手，大声喊："蜜蜜，你千万别听啊，不然……"

一切都迟了，蜜蜜听到了大巫师的咒语，身体渐渐变得硬邦邦的了。尤其是她的手和脚，像被一条粗粗的绳索捆住了。"完了……"蜜蜜难过地想，"我不会真的变成喇叭花了吧！"

蜜蜜哭不出来，因为喇叭花根本没有眼泪，她只能静静站着，像一株真正的喇叭花那样。

夜深了，周围静悄悄的，蜜蜜站在那里，焦灼地等待着什么。忽然，一阵轻轻的脚步声传来，"啪嗒啪嗒"，蜜蜜心里一下子燃起了希望："肯定是怪怪老师来救我了！"

"蜜蜜，你还好吧？"是小喇叭的声音，蜜蜜的希望一下子破灭了。小喇叭压低嗓门说："我是趁大巫师睡着偷跑出来的，现在连我也被他怀疑了……"

小喇叭又叹了口气："现在我也出不去，怪怪老师也没办法知道这里的情况，只能先让你受苦了！不过，我会想办法救你的，蜜蜜……"小喇叭说完，又悄悄走出了房间。蜜蜜静静地听着那脚步声渐渐走远，她觉得自己的意识变得越来越模糊，慢慢地就什么也不知道了。

第二天，太阳像往常一样升起来，喇叭花村的小花妖一大早就看见教

室里站着一株瘦瘦高高的喇叭花。奇怪的是，这株喇叭花并不攀附任何竹竿或墙壁之类的东西，它只是独自伫立，像一棵树似的。

再说学校这头，怪怪老师直觉地感到蜜蜜遇到了危险。他皱着眉头久久思索着对策。过了一会儿，他对同学们说："我们要立刻行动，前往黑崖古堡，我感到蜜蜜已经遇到了危险！"

"危险？"皮豆睁大眼睛，"不会是又遇到猪笼草了吧？像演悬疑电视剧！"女王不耐烦地给了皮豆俩白眼，弄得他一下子红了脸。

怪怪老师说："好了，现在我们得想一个万全的计策对付大巫师，以免打草惊蛇！"

这时候，一直沉默的博多突然说话了，他好像在肚子里打了腹稿似的，说："近一段时间，我翻遍了学校图书馆里所有关于巫师的书籍，终于得到一个有价值的线索。据说巫师们特别喜欢潮湿阴冷的地方，那里寄生的毒蛇、毒蟑螂们能够使巫师最大限度地发挥他们身上的邪恶力量。"

怪怪老师点点头，说："博多的话很严密，这就涉及我们日常交际的另一个内容——打腹稿。在我们说一件事之前，最好在脑海里先把要说的内容梳理一遍，归纳好内容的重点，然后再说出来，这样的交流会更有效果！"

怪怪老师立即启动了时空穿梭模式，大伙儿转眼间就来到了古堡，恰巧在这里遇见了鼠婆婆。

博多大喜过望，焦急地问她："您知道喇叭花村的大巫师平时有什么嗜好吗？比如喜欢躲在什么样的地方练功之类的。"

鼠婆婆有些诧异博多为什么会这么问，但她还是如实地告诉了博多："大巫师的嗜好很多，但最特别的就是他家后院里那个大大的地窖，弄得特神秘，平时大家谁都不能靠近。他经常在漆黑的夜里躲进里面，不知道干些什么……"

"那就对了！"博多自信地说，"我想蜜蜜应该就被藏在地窖里，我们

要摸索出大巫师的作息时间,等他离开地窖,再见机行动!"

博多话音刚落,皮豆又不长记性地嚷嚷起来:"喂,什么行动啊?你们千万不能再把我皮豆蒙在鼓里啊,这太不够意思……"

脑力大冒险

皮豆总是喜欢插嘴和打断别人,训练自己开口说话前先打好腹稿,对他而言尤为重要。请你告诉皮豆什么是"打腹稿"、"打腹稿"应该注意什么以及"打腹稿"的由来吧。说之前,记得要打腹稿哦。

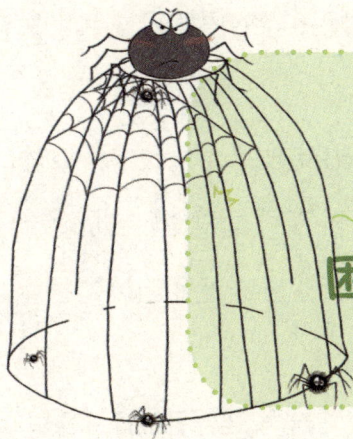

第十章

困在地窖里

皮豆一唠叨起来总是没完没了，这次连怪怪老师都受不了，不知道他念了句什么口诀，皮豆好像一下子被"静音"了似的。大家只能看到皮豆的嘴巴一张一合，却都听不到他在说什么了。

世界终于安静了，皮豆却还不知道发生了什么情况，还兀自不停地在那里说着什么。

怪怪老师扬扬手，立即将大家召集在一起，说："一会儿我们要有一场紧急行动。在行动中，我们或许要完成很多对话，我要提醒大家注意一下日常交际中的语气问题，因为这会直接关系我们行动的成败！"

怪怪老师接着说："语气，表示的是说话人对某一事物的看法和态度，在具体的语境中，能表达一定的思想感情。日常语气有陈述、疑问、祈使、感叹等类别，说话时，使用的语气不同，表达的思想感情就会不同。"他加

重了语气："希望在稍后的行动中，我们都能用适当的语气表达某种思想感情！"

最后，怪怪老师重重地挥挥手，说："我们出发吧！"

一阵冷风吹过，大家已经站在喇叭花村的村口了，可是他们立即遇到了一个难题，那就是外人根本不能进到村子里。即使怪怪老师自诩为宇宙超级无敌，这次好像也无能为力了。

"穿上隐身衣也不行吗？"女王问，用的是疑问语气，怪怪老师摇摇头。

"不行，主要是我们身上有特殊的气味，与花妖身上的香气是截然不同的。只要我们进去，就会被花妖围攻。"博多皱着眉头说，完全是陈述语气。

"哎呀，上次怪怪老师帮蜜蜜乔装打扮，可是蜜蜜到现在还没消息，应该是被大巫师认出来了。真糟糕啊！我们还是另外想办法吧！"十一说，这次用的是感叹语气。

鼠婆婆的眼睛里突然闪过一丝兴奋的光芒："我想出好办法了！"她从口袋里掏出一个小小的玻璃瓶，打开了木塞子，里面立刻钻出一股刺鼻的气味来，说不上难闻，但还是让大家直皱眉头。

鼠婆婆想了想，说："这是我们鼠城的一种特制花露，是鼠城的重大机密！我们用它来掩饰老鼠的踪迹，只要把它喷在身上，我们自身的气味就会烟消云散了。这样的话，怪怪老师的隐身衣就能派上用场了！"

鼠婆婆不紧不慢地拿起玻璃瓶，往每人身上喷洒了一些花露，那股刺鼻的

味道立刻把大家笼罩了。皮豆这个可怜鬼还不知道大家的计划,他叽里咕噜说了一大通,见大家对他置若罔闻,这才明白怪怪老师对他实施了"静音术"。

他奔到怪怪老师面前,疯狂地比画起来。

怪怪老师一打手势,撤销了对皮豆的惩罚,这次大家终于听清了皮豆的尖叫声:"不要这么对我!"

怪怪老师也觉得自己做得有些过了,便对皮豆说:"我们要去大巫师家的地窖救蜜蜜,这次的救人小分队就由你带领吧!"一句话又把皮豆说得眉开眼笑起来。

怪怪老师掏出隐身衣让大家穿上,所有人立即像一阵烟雾似的,消失在了喇叭花村的村口。

黑暗里,传来鼠婆婆低低的声音:"大巫师的作息是很规律的,每天晚上九点钟以后,他就会从地窖里出来,回房间休息,我们可以趁这个时候行动!"

时针嘀嘀嗒嗒地走着,很快走到了"9"的位置。这时候,暮色已经降临,花妖们陆续回到自己的房子里准备休息了。喇叭花村里变得静悄悄的,空气中有一股浓淡相宜的说不出的花香。

"咔嚓"一声,大巫师家的地窖门打开了,他高大的身影出现在了月色里,在地上投下长长的影子。

大家静静地躲在黑暗里,谁也不敢发出声音,唯恐像上次一样计划失败。等大巫师终于一步步离开地窖,消失在夜色里,大家才小心翼翼地潜入了地窖。

地窖里黑洞洞的，有股潮湿的霉气。不知道为什么，女王一走进去，就觉得浑身不舒服，像被沾满了毛刺的果子壳蹭着似的，每个毛孔都呼喊着：离开这儿，离开这儿……

估计是一只蟑螂从女王手臂上爬过去了，她尖叫起来，吓了大家一跳。皮豆的声音都在哆嗦了："我早该猜到这个领队不好当啊……"

在黑暗的地方，十一的听力总是异常敏锐："我听到好像有人在哭……"女王也竖起耳朵："是蜜蜜！蜜蜜……"她欣喜地喊起来。

果然，在地窖的最深处，传来了低低的啜泣声。

这时，大家逐渐适应了地窖里的光线，女王吃惊地发现，曾经骄傲无比的蜜蜜，竟然瘦弱得不成样子，孱弱地靠在地窖深处的墙上，仿佛一阵风就会将她吹倒似的。

一见到怪怪老师他们，蜜蜜高兴得又哭起来了。

"你们要小心呀，大巫师正在策划一个惊天的阴谋，灯泡城已经被他攻下了，他正准备进攻鼠城，接着将去攻打雾国呢……"蜜蜜急得咳嗽起来。

怪怪老师若有所思地眯着眼睛，好像在想什么："看来大巫师的目的快要达到了……"

鼠婆婆义愤填膺地说："决不能让他的阴谋得逞！现在大巫师不知道在练什么邪术，我们鼠城如果归他统治，那可要遭殃了，他会毁了鼠城的！"

"对，不能让他的阴谋得逞！"皮豆也附和着说。

就在这时，一个诡异的笑声突然响起来："嘿嘿……你们在策划什么重大计划呢？何不让我也听一听……"那声音在黑暗中不知拐了多少弯儿，令人不由害怕起来。

"是……大巫师的声音……"蜜蜜声音都发颤了，"大巫师回来啦！"

这时候，地窖里的灯一下亮了，强烈的光线照得大家睁不开眼睛。就在怪怪老师下意识眯眼的时候，一个巨大的铁丝网从天而降，一下子把大家罩在了里面。

等大家终于睁开眼睛看清周围的一切，已经无路可逃了。鼠婆婆简直不敢相信，眼前站着的这个怪人就是她经常见到的大巫师。只见他的个头比原来矮了一截，头发胡子都已经脱落了，甚至连眉毛也变得稀稀落落，看上去像是来自外星球的。

"就凭你们几个，还想阻止我的计划！"他嘿嘿一笑，深深的皱纹立刻爬上了他的脸。

"既然你们主动送上门来，就别怪我心狠了……"大巫师说完，轻轻吹了一声口哨，那是种轻柔至极的声音，大家立刻觉得皮肤上像被无数小虫爬过。女王终于明白刚开始走进地窖时那种不舒服的感觉是什么了。

一群黑蜘蛛缓缓从地窖一角爬上了铁丝网，它们向外吐着蛛丝。蛛丝在身边飘动，有的沾在皮肤上，黏糊糊的。

怪怪老师突然喊了一声："不好，这蛛丝有毒！快把隐形衣穿上！"但怪怪老师提醒得太迟了。蛛丝纷纷扬扬地落在大家的皮肤上。不一会儿工夫，

大家都觉得浑身乏力，快要站不住了。

怪怪老师一看情形不好，后悔没把大巫师的时间"冻住"，他现在浑身软绵绵的。他环顾一下四周，大家都已经支撑不住，昏倒在地了。

鼠婆婆给怪怪老师使了个眼色，怪怪老师心中一动，侧头一看，发现皮豆半搭着隐身衣正躲在地窖的角落里瑟瑟发抖呢，不过看样子他已经躲过了一劫！原来，皮豆进地窖后根本就没脱掉隐身衣，还美其名曰："提前预防各种不测。"这次真是预防对了。

怪怪老师装作完全顶不住的样子，踉跄着来到铁丝网前，故意挡住大巫师的视线，说："不行了，这蛛丝毒性太强了！"然后他就口吐白沫，"昏倒"在地了。鼠婆婆趁这个关口蹭到皮豆身边，偷偷把一个纸片样的东西放到了皮豆手里，低声说了一句："快去雾国！找给你陶片的那位老人，只有他有办法救我们……"

大巫师警觉地回过神来，转身朝向鼠婆婆："刚才你是在跟谁说话？"鼠婆婆面无表情地说："大巫师，你不觉得自己做得有些离谱吗？公主还在塔尖顶呢，即使你占领了古堡又能怎么样，归根到底，公主才是黑崖古堡唯一的主人！"

没想到大巫师竟嘿嘿一笑，他的眼睛鼻子挤在一起，显得可怕极了："什么公主不公主？现在喇叭花村的村民们早就臣服于我了，猪笼草的力量也开始复苏了，只要得到鼠婆婆的协助，我会得到想要的一切！"

鼠婆婆冷笑一声："大错特错，你忘记了还有一个人，他是你永远不可

能打败的!"

大巫师的脸"唰"地变得苍白了,声音颤抖起来:"你……你……你是说……他?"

脑力大冒险

蜜蜜的薯片不见了,她怀疑贪嘴的皮豆偷吃了。于是她问了六个坐在附近的同学,皮豆有没有吃她的薯片。结果令她吃惊的是,他们不管有没有看见,都说了一句相同的话。同样一句话,语气以及重读不同,意思就大为不同。蜜蜜从他们的话里听出了6种不同的意思。你可以体会到吗?

请根据意思提示,读出以下句子的不同含义来。

我没说皮豆偷吃了你的薯片。

(1)我没说皮豆偷吃了你的薯片。(可是有人这么说的)

(2)我没说皮豆偷吃了你的薯片。(我确实没有这么说)

(3)我没说皮豆偷吃了你的薯片。(可是我是这么暗示的)

(4)我没说皮豆偷吃了你的薯片。(可是有人偷吃了)

(5)我没说皮豆偷吃了你的薯片。(他偷了别人的薯片)

(6)我没说皮豆偷吃了你的薯片。(他偷吃了别的零食)

第十一章

蝎子先生帮忙解围

皮豆跟跟跄跄地在黑暗的街道上跑着，不时跌一跤，又咬咬牙爬起来，擦擦脸上的汗，继续往前跑去。他的手里紧紧攥着鼠婆婆递给他的那张纸片。

纸片被弄得皱巴巴的，皮豆隐约感到纸片上好像传来一种热乎乎的能量。这上面写着什么呢？皮豆迷迷糊糊地想。

趁着月色，皮豆赶紧往纸片上看去，原来上面画着一张图：一只蝎子在张牙舞爪地挥舞着钳子呢。

皮豆想起了怪怪老师曾经讲过的看图说话的要领："首先要仔细观察，然后确定时间、地点，明确人物的身份与彼此之间的关系，看懂人物正在做什么。再就是对地点和人物进行观察，最后对整个画面进行分析，并展开合理的想象，将图画的意思表达明白……"

皮豆赶紧低头观察这幅图。只见从一片浓雾中露出了圆圆的月亮的

脸，看样子是晚上；人物呢，当然是那只大蝎子；地点，嗯，好像在大雾弥漫的石子路上。

皮豆沉思着："鼠婆婆的意思是要我在雾国的月圆之夜里在石子路上等待什么吗？等待这只大蝎子？图画上好像是这个意思！"

皮豆紧紧攥着拳头，努力回忆着鼠婆婆交代他的话，脑海里一片混沌。都怪当时情况太紧急了，鼠婆婆说得太快，自己也听得匆忙。

他懊悔极了，使劲儿摇摇头，将这些乱七八糟的想法抛到脑后，不管了，只能走一步算一步了！

终于来到了雾国，这里仍然大雾弥漫，但与大巫师的地窖相比，皮豆也不觉得它有多么可怕了。皮豆深深地吸口气，径直往大雾的深处走去。

可走着走着，皮豆犯迷糊了。他记得这地方原来有间小小的杂货店，里面还有个不讲理的"红孩儿"。可皮豆来来回回地走了好几遍，不仅没看到什么杂货店的影子，甚至连一丝丝光亮也没有。

皮豆心急如焚，可他越着急，就越在原地打转，就像有人存心跟他作对似的。他累得两腿抽筋，呼吸也沉重起来。四下环顾，这里仍然白茫茫一片，皮豆彻底绝望了。

就在这时，他突然觉得脚面上有什么窸窸窣窣的声音，低头一看，不由得吓了一跳：一只浑身乌黑的蝎子爬上了他的球鞋，正攀在他的鞋带上呢。皮豆的鸡皮疙瘩都起来了，他使劲儿跺跺脚，那只吓人的蝎子立刻抱作一团，从皮豆的鞋子上滚下去了。

"还想不想救你的怪怪老师？"一个诡异的声音响起来。

"谁在说话？"皮豆惊恐地向四周看看，他的周围只是大雾一片，哪里有什么人影啊！

"是我……是我……"那个声音又响起来，"嘿嘿……"这次那声音语气变了，有种戏谑的成分，好像在嘲笑皮豆过于夸张的反应。

皮豆低头一看，就是刚刚那只被皮豆抖落在地上的蝎子，竟然抬着头，张嘴同他说话呢。

"不要表现得如此惊讶,我的朋友!"蝎子的嘴巴一张一合,"是小老头儿嘱咐我在这儿等你的……我最不爱管这些麻烦事了,可是小老头儿的命令我不敢不听啊,否则的话,他会把我泡酒喝的……"蝎子没完没了地絮絮叨叨,皮豆急得都要冒汗了!

这时,蝎子又爬到皮豆的鞋上,抓住了他的一根鞋带:"这个位置还不错,烦了还能荡会儿秋千……"它抬头看看皮豆,"喂,你还愣着干什么啊?还不带我离开这里,去晚了,你的伙伴们可就没救了,到那时可怨不得我!"

皮豆这才回过神来,他真想问清楚这蝎子是谁派来的使者,但现在,他必须争分夺秒地回去救大家啊!

"抓紧了!"他对蝎子说,然后就快速跑起来,跑在黑夜的雾国街道上。

等皮豆再次来到大巫师家的地窖门口时,已经是后半夜了。天变得阴沉,一丝月光也没有了,一切都静悄悄的,像什么也没发生过似的。

皮豆偷偷从门缝往里瞧,里面黑洞洞的,什么也看不见。皮豆的心"咯噔"一下。他突然有了种很不好的预感,难道伙伴们已经遭遇毒手了?否则这里怎么会静得如此吓人呢?

他控制不住了,猛地将地窖的门推开了,一股霉气扑面而来,蝎子都被呛得咳嗽了。

"放心吧!"蝎子安慰他,这倒令人意想不到。它吸吸鼻子:"这里没有死亡的气息,只有毒蜘蛛发出的臭味,真是熏死我了……这种毒蜘蛛对我来说简直是小菜一碟……"它是在吹牛吗?

过了一会儿，蝎子突然不说话了，径直朝地窖深处爬去。好久好久，里面都没有一丝声音。

"喂……喂……"皮豆试探地询问，"你还好吧？蝎子先生？蝎子先生！"可里面一直沉默着，没有任何回应。

皮豆走进地窖，发现大家东倒西歪地躺在地上，显然已经中了蜘蛛毒，昏迷了。

蝎子又从黑暗中爬了回来。它好像有了主意似的，分别在每个人的手臂上咬了一下。原来，这个办法叫"以毒攻毒"。

怪怪老师最先睁开了眼睛，他看见了皮豆，嘴角露出一抹淡淡的笑意。其他人也慢慢开始有了意识。

鼠婆婆也醒来了。她看到这只蝎子，不由又惊又喜。

大巫师还在沉睡，原本高大的身躯佝偻了很多，身子又瘦小又单薄。大巫师完全没有意识到外界的任何变化。

蝎子先生真是闲不住，它觉得自己的本事还没有完全使出来，悄悄从墙根处爬过去，在大巫师的脚上狠狠地蜇了一下！大巫师先是"嗷"地打了个激灵，接着又昏昏睡去了。

可怜的大巫师脚面还肿了一大片，看上去就像一块发得有些过头的面团。

这时，女王问怪怪老师："我们该如何处置大巫师呢？"

"先绑起来再说！"皮豆摩拳擦掌。"

大巫师中了蝎毒，一时也是醒不了的。"博多说。

怪怪老师眼珠一转，又想起他的语文课来："在日常交际中，我们经常提倡大家积极讨论，并在讨论中主动发言。借此机会，我们正好可以举行一个讨论会……"

见大家没有意见，怪怪老师接着说："那么我先讲一下讨论中需要的技巧，以及如何找出同学发言中的重点和问题！"

他清清喉咙："讨论时，一定要保持自信，简明扼要地表达自己的观点，才会脱颖而出；不仅如此，我们还要尊重对方的观点，并且善于抓住对方的重点，提出的问题。这样，才会有针对性地参与讨论，从而解决问题！"

怪怪老师让大家聚拢在自己身边："那么现在，我们就为如何处置大巫师讨论一下吧！"

这时候，小喇叭在一旁求情说："大巫师肯定是受了唆使才会变成现在的样子，我怀疑是雾国的人干的！"

谁知小喇叭的话遭到了鼠婆婆的反驳："绝不可能，雾国人口稀少，那里所有的人口加起来不超过十个，谁会有这么大的能力唆使鼎鼎大名的大巫师呢？"

小喇叭一脸的不服气："怎么没有？听说雾国里有家神秘的杂货店，里面住着一位老头儿，那可绝不是普通人啊！"

"哎呀，小喇叭，你搞错了……"鼠婆婆慢吞吞地说，"实话告诉你吧，你说的雾国杂货店的小老头儿，其实是我的亲哥哥。"

小喇叭不吭声了。

过了一会儿，大巫师渐渐恢复了意识。"以毒攻毒"再次起了作用，大巫师体内积累的毒素竟然慢慢被化解了。经历了这么多事情，他终于开始悔悟了。

他重重地叹口气，说："最后一切还是化为了泡影。我现在明白了，争斗只会使大家都遭到伤害。认识你们后，我感觉自己好像被净化了，我为自己对古堡的花妖所做的一切感到抱歉。尤其是，我要对那位被困塔顶的公主说声'对不起'！"

脑力大冒险

周末，同学们结伴去看了电影《哆啦A梦伴我行》。回家路上，小伙伴针对"哆啦A梦究竟是大雄的损友还是益友"，展开了激烈的讨论。

蜜蜜说："哆啦A梦做的一切都是为了让大雄更加幸福地生活，所以哆啦A梦是大雄的益友，我好希望也能拥有属于自己的哆啦A梦。"

十一则说："自从有了哆啦A梦，本来就什么事情都做不好的大雄完全依赖于哆啦A梦，更加没有长进了，所以哆啦A梦害了大雄。"

如果你也在场，你会如何参加讨论呢？

第十二章

古堡里真的有公主

在阴暗无比的地窖里，所有人都静静地聆听，大巫师诉说起一个久远得几乎被遗忘的故事——

"很久很久以前，在一片黑崖上，有座用花岗岩砌成的古堡，里面住着一位公主。公主非常刁蛮任性，常做些不合常理的事，国王也拿她没办法。"

他静静地说着，声音听起来渺茫而遥远。地窖里已经有人在低低地叹息。

女王悄悄对蜜蜜说："我记得这个故事，当初咱们在古堡里迷路时，小葵曾经对我们讲过这个故事。"蜜蜜点点头。

大巫师的声音还在地窖里回荡着："有一年春天，老天不知为何突然很眷顾这里，从未有过的勃勃生机降临到了古堡，到处春光明媚，花都开了。紫罗兰、苹果花、红玫瑰，它们把城堡装饰得像童话里的花园一样美。附近

的孩子们喜欢花，都纷纷前来采摘。

"刁蛮的公主生气了，她不想让别的孩子分享这份美好，便命令城堡里的花匠们把那些花全拔了……"

大巫师喃喃说着："公主任性的行为惹怒了花妖国的精灵们，它们命令花妖占领了城堡，将公主囚禁在了城堡最高处的塔尖上。"

怪怪老师和皮豆都吃惊得合不拢嘴了："你是说，这座城堡的塔尖上……关着一位公主？"

大巫师点点头："当时是我带领花妖占领了古堡，我觉得公主应该受到惩罚，所以当时我做这一切根本没有考虑任何后果。后来古堡日渐衰落，逐渐被邪恶的力量侵蚀，我不仅没有做出任何改善，反而被邪恶念头控制住，想独霸古堡……"

大巫师说到这里就停住了，所有人都沉浸在自己的思绪里。

皮豆突然说："那我们还等什么？快去塔尖救公主吧！"

大巫师凄凉地摇摇头："事情远没有那么简单，公主已经被囚禁在塔尖太久太久了。到目前为止，还没有一个人能再次到达塔尖，因为总有个圆桌挡住唯一的登塔通道。所以我们连公主现在是生是死都不知道……"

"圆桌？"怪怪老师听到这里，明白了什么，"圆桌，是不是圆桌会议呢？也可以理解为平等讨论。我曾经讲过关于讨论的问题，现在我希望大家能运用讨论技巧发言，讲讲自己对解救公主的看法。你们觉得怎么样？"

他又清清嗓子："大家要注意，讨论时一定要抓住重点内容，并阐述清

楚，这样大家才会弄懂你的意思！"

博多点点头："这倒是个不错的主意！"

大巫师的眼睛忽然亮了："对对对，我怎么没有想到呢？大家可以集思广益，或许会找到解决问题的途径。"

女王最先提议："首先，我感觉我们应该派个代表爬上塔尖查看一下，至少应该弄清公主现在的状况吧？否则岂不是白费力气！"

大巫师点点头，说："派代表去塔尖是很有必要的，可是通向塔顶的楼梯很窄，只能供一人通过，而且还被圆桌挡住了呀！"

博多点点头："这样的话，我们应该选一位善于讨论的人去塔尖。选谁呢？这个问题仍要讨论一下……"

女王说："当然选小博士！"

蜜蜜举起手来："当然是选皮豆了，他在这里积累了很多冒险经验，已经是轻车熟路了，这么重大的任务交给他绝不成问题……"

皮豆连连摆手："打死我也不去了，为什么受伤的总是我？"

伙伴们针对这个问题又进行了激烈的争论，最后大家决定投票表决，或许只有这样的办法才足够公平吧。

投票的时候，皮豆的心情特别复杂，按理说他当然不希望被选上，但不知道为什么，他觉得如果自己落选了，也不会感到高兴。

最后，投票结果出来了，皮豆竟然以绝对的优势当选为第一名。

当结果出来的时候，皮豆竟隐约有种欣喜的感觉，毕竟这说明自己在

大家心目中的地位还是很高的。

就这样，皮豆再一次披挂上阵了。

皮豆从不知道古堡内部竟有这样的秘密通道，那是一条又窄又陡的螺旋式楼梯。大巫师告诉他，这条狭窄的走廊是自己刚刚来到黑崖古堡时建造的，目的当然是为了囚禁公主。

但随着圆桌的出现，上到塔尖成了困难的事，黑崖古堡塔顶囚禁着一位公主的事情便越来越鲜为人知，这条楼梯也渐渐废弃了。

皮豆按照大巫师的指示沿着楼梯往上爬。在寂静的通廊里，只传出他轻快的足音。

走了不一会儿，皮豆发觉自己身上竟落了厚厚一层灰尘，他努力憋着气，防止被那些灰尘呛得咳嗽起来。

他就这样走着，饿得都头昏眼花了，那长长的回旋式楼梯仍然一眼看不到尽头，皮豆有些心灰意冷了。他一屁股坐在楼梯上。"圆桌怎么还没出现啊？到底是谁要来对话啊？"皮豆自言自语。

这时，他下定决心，无论如何，他是绝不会再往前走一步了，除非天塌下来，否则他绝不改变主意。

就在坐下来的那一瞬间，他忽然觉得有些眩晕。皮豆睁大眼睛，想努力保持身体平衡。可这时，他忽然发现圆桌出现了，同时黑暗里响起一阵清脆的女孩儿笑声。她"咯咯"笑着，语气里还带着几分戏谑："总算有人愿意对话了！"

皮豆吃惊极了，一下子站了起来，四下张望着，可周围漆黑一片，一个人影也没看见。他不禁慌张起来，哑着嗓子说："我可不是坏人啊，我是来做好人好事的……"

这时候，皮豆忽然发现窄窄的楼梯顶部真的站着一个女孩儿。

那女孩儿又嘻嘻笑了起来："哦？好人好事？说来听听……"

皮豆觉得她对自己好像并无恶意，胆子便大了起来。他认真地和这个女孩儿讨论起"好人好事"来。

最后，皮豆结结巴巴地说："我可是奉古堡里大巫师的命令前来解救公主的，这不就是好人好事吗？对了……"皮豆突然想起这件重要的事情，"这里面住着一位公主，不知道她现在怎么样了？"

谁知道女孩儿竟一下子不作声了，好像在想什么事情似的。皮豆说："这是个重大机密，大巫师派我这个得力助手来执行这项任务，我觉得特别荣耀，所以，如果你知道些什么关于公主的事情，可否向我透露一二呢？"

一盏灯亮了起来。女孩儿伸出手指，向旁边指了指，皮豆这才发现，不知什么时候，圆桌不见了，楼梯旁露出了一个小小的房门。

他喜出望外地走了进去。女孩儿跟进来说："我是公主的侍女。你是第一个愿意和我平等对话的人，所以圆桌才不挡你的路了。"接着她指指桌上的一个花瓶，有些不情愿地说："有件事还没机会告诉你，其实公主早就被一些邪恶的花妖施了魔咒变形了，你眼前这束绣球花就是你要救的那位公主！"

这个结局是皮豆始料未及的，他呆住了，好久没有回过神来："公主早就变成绣球花了，那我所做的一切努力岂不是前功尽弃了！"

女孩儿伤感地说："我曾经试过一些古老的魔法，想帮助公主恢复本来面目，但是都失败了。解铃还须系铃人，只有花妖才可以救公主。但我不相信花妖会救公主，他们只会伤害公主……最近，绣球花一天比一天枯萎了，

公主她快要……呜呜呜……"

　　"解铃还须系铃人"这句话一下子点醒了皮豆。他取出绣球花，大声说道："对，回去找鼠婆婆，她肯定有办法！请你相信我吧！"

脑力大冒险

　　在这一章里，大家展开了激烈的讨论，讨论的重点落在到底推举谁去塔尖查看公主情况上。最后投票选举，皮豆还是获得了第一名！你还记得皮豆都参与过哪几次危险事件吗？皮豆的表现怎么样？

第十三章

意想不到的结局

皮豆终于如期完成任务，将"公主"带到了大家跟前，但所有人都不愿相信自己看到的事实。

"公主已经被变成绣球花了。"皮豆嘟嘟囔囔的，好像这是他的错似的。

怪怪老师的眉头突然皱了起来，他觉得眼前的事情有些棘手。

"或许我们该把绣球花送到雾国，你哥哥在那里，没准会有办法解除公主身上的魔咒。"大巫师思索着说。

鼠婆婆却提议说："我觉得应当立即为公主解除魔咒，省得夜长梦多。我倒是可以试一试。"

"你哥哥魔法更强呀。"大巫师说。

"可远水解不了近渴呀，绣球花都快枯萎了。"鼠婆婆说。

"你来尝试，万一失败公主就危险了！"大巫师说。

"可不试怎能知道是成功还是失败呢？"鼠婆婆说。

怪怪老师搞不清到底该听哪一方的观点了。

"好啦，好啦！正好我们可以利用这个机会举行一场辩论赛，顺便学习一下关于辩论和演讲的基本方法。"

博多点点头："这确实是个不错的主意！"

辩论赛就这样开始了，大巫师、皮豆和蜜蜜代表正方。他们建议先把绣球花带回雾国，请鼠婆婆的哥哥救公主。

鼠婆婆、博多、女王，还有十一代表反方。他们提议应当立即由鼠婆婆试着为公主解除魔咒，省得夜长梦多。

在辩论赛开始之前，怪怪老师首先介绍了关于演讲和辩论赛的一些相关知识。

"演讲又叫讲演或演说，是指在公众场所，以有声语言为主要手段，以体态语言为辅助手段，针对某个具体问题，鲜明、完整地发表自己的见解和主张，阐明事理或抒发情感，进行宣传鼓动的一种语言交际活动。辩论是指见解不同的人彼此阐述各自的观点，互相辩驳争论。辩论中存在着持不同意见的双方或多方。辩论必须针对同类事物或同一问题，即存在着同一论题，辩论各方有共同的话题，又有不同的意见。"

皮豆点点头，说："这个我知道，经常在电视上看到辩论赛或演讲比赛什么的，那些选手的风度真是好极了。我得好好练习这项，没准哪天也会一

举成名的。"

随后，正方反方开始辩论起来。

正方这边先声夺人，认为去往雾国的路途虽然很艰难，但目标明确，预期效果好，有利于一次性成功地解救公主；反方认为，万一路上遇到什么不测，那就意味着来回奔波劳碌，得不偿失。

正方认为，公主性命攸关，不应轻易尝试魔法，一旦失误，前功尽弃；反方随即进行反驳，正是因为性命攸关才更不能耽误宝贵时间，应该现在就尝试把公主身上的魔法解除。

论辩双方总结陈词后，由总裁判怪怪老师裁决。

怪怪老师说："正方和反方的辩论语言通俗，很容易理解。有关辩论的技巧方法，主要有下面几个：一是要清晰有力地证明自己的观点；二是找出对方观点的漏洞和错误，击中对方要害。"

博多觉得怪怪老师说得太精彩了，不禁拍手叫起好来。

怪怪老师用手指敲敲桌子，"关于这个问题的辩论就到此为止，正反双方观点都很有道理，但是我们办正事要紧——还是立即为公主解除魔法，避免夜长梦多。"

他眼睛里含着期盼，盯住鼠婆婆说："看来，这么重要的任务只能交给您了！"

鼠婆婆轻轻叹了口气，说："我一定尽全力来救公主！"

鼠婆婆喃喃念起了口诀，渐渐地，她的身体周围聚集了一个大大的光

圈，这意味着，鼠婆婆身体里的魔法正在汇聚力量。

所有人都紧张地等待着奇迹出现，但是，最终的结果令大家失望极了，那束绣球花纹丝不动地插在玻璃瓶里，丝毫没有要变回公主的迹象。

大家心里都有些难过，默默转过身，蜜蜜还忍不住擦起了眼泪。

"哇，这里的光好刺眼啊！"一个懒懒的声音从身后传来，大家不禁吃了一惊，都回头看过去。

天哪，所有人的心都怦怦跳了起来，身后真的有一位美丽的公主在伸懒腰呢。皮豆惊讶得嘴巴里能塞进一只鸡蛋："我的天哪，真的跟书上的公

主长得一模一样呢!"

女王紧紧拉着蜜蜜的手:"看她那白色的绸缎灯笼裙,看她脖子里戴的蓝宝石项链,看她的水晶手镯……我的天哪!真是一位货真价实的公主啊……"

这时候,突然有个人号啕大哭起来,大家吃了一惊,纷纷转头看去,只见一向威严无比的大巫师竟然一把鼻涕一把泪地哭起来。他边哭边低头向公主行礼:"对不起,尊贵的公主,是我当年犯了大错,我请求您能饶恕我,千万不要降罪于古堡里的花妖呀!"

公主望着大巫师,一脸疑惑地说:"犯了大错?古堡里的花妖?大巫师,是我犯了错呀,也请你和花妖原谅我……"

大巫师感动极了,又想笑又想咧嘴哭。

大家也感慨万千。

就在这时,怪怪老师猛地一拍大巫师的肩膀:"我在一本书里读到一句话:'明天又是崭新的一天!'"

大巫师感激地点点头:"怪怪老师说得对,说实话,我最该感谢的应该就是怪怪老师,是你把我从邪恶中拯救出来,我才能重新开始新生活。"

可是怪怪老师却眨了眨眼睛说:"感谢可不能只停留在口头上呀,自从上次吃到你们花村里的食物后,我一直对蔷薇花蛋糕念念不忘,不知是否还有机会再到喇叭花村做客,品尝一下那里的美味甜点呢?"

大巫师愣了愣,哈哈大笑起来:"这个嘛,当然没问题了,我们喇叭花村

欢迎任何人、任何时间来做客!"

小喇叭紧紧拉起了蜜蜜和女王的手:"以后啊,黑崖古堡就是你们的家了。只要有我小喇叭在,别的不敢说,美味的糕点是一定少不了的!"

皮豆的肚子这时又不争气地咕噜起来了,他垂头丧气地说:"我看,我们还是不要做语言的巨人、行动的矮子了,还是赶紧去犒劳一下干瘪的肚子吧!"

一句话,惹得众人再次大笑起来。

脑力大冒险

在学习了演讲的相关知识后,怪怪老师让同学们以自己的名字为题,发表一段简单的演讲。

博多说:"我的名字叫博多,就是博学多才的意思。我的父母希望我能学问广博,多才多艺。我决心不辜负他们的期望。我平时最大的爱好是读书,特别是看科普书。我希望将来成为一名科学家,致力于新能源的研究,保卫地球。"

蜜蜜说:"我叫蜜蜜,不是那个不能说的'秘密',而是甜蜜蜜的'蜜蜜'。我是一个爱漂亮爱笑的女孩儿,也希望能给身边的每一个人带去甜蜜的微笑。"

请你也以自己的名字为题目,发表一段演讲吧。

第十四章

沉甸甸的收获

这次探秘黑崖古堡的行动终于有了圆满的结局,怪怪老师和大伙儿都感到很高兴。

尤其是博多,说到底,正是由于博多发现了教室里猪笼草的秘密,才使大伙儿有了探秘黑崖古堡的一系列行动,大家也从中收获很多。

不仅如此,大伙儿还在这些行动里学习了很多关于日常交际的知识。

这天语文课上,怪怪老师走进教室,脸上挂着别样的神采,好像遇到了什么值得高兴的事情。

果然,怪怪老师走到讲台上,敲敲桌子,本来乱糟糟的教室立刻安静了下来。

他清清喉咙,说:"这学期的语文教学已经结束了,我们班的语文成绩得到全校师生的一致好评,这是个值得庆贺的消息。我打算带全班同学集

体庆祝一下。"

"说吧!"怪怪老师抬高了声调,"大家想要什么礼物?我会想尽办法满足大家的愿望。"

全班同学立即齐声欢呼起来:"太棒啦!"

女王高声叫起来:"我要向怪怪老师索要一份大礼,带我们去外太空旅行一遭儿吧。"

蜜蜜却难得地镇定,说:"其实我倒是想再去黑崖古堡走一趟,现在真的有点儿想念小葵和小喇叭了,还有鼠婆婆和大巫师,我也好想再尝一尝喇叭花村的糕点啊!"

蜜蜜说完这些话,教室里突然安静了,大家都想起了在黑崖古堡里度过的那些难忘的日子。

"好吧,我就再带大家去黑崖古堡走一遭儿吧。"说完,怪怪老师就启动了时空穿梭模式,大家立即屏气凝神。

冷风吹过,光线旋即暗下来,等大家醒悟过来,已经置身于黑崖古堡那高大的城门前面了。

怪怪老师说:"我们在古堡里体验了惊险的故事,也收获了很多友谊,更重要的是,我们在这里学到很多关于语文的知识。在进入古堡之前大家能回忆一下都学到什么知识了吗?"

皮豆立即抢着说:"最重要的一条我知道,那就是上课要认真听讲,思维要跟着老师走,注意力集中,不能乱插嘴!"

怪怪老师点点头，对皮豆的话表示赞许。

女王也想起了重要的一条："要做好课前准备，包括复习旧知识，预习新课文……"

博多挠挠头，补充了一句："其次是课堂要保持安静，坐姿端正……"

怪怪老师很高兴，说："看来大家对本学期语文知识点掌握得很好，这让我感到很欣慰。"

这时候，怪怪老师猛地推开了古堡的大门，一股清凉的风立即吹过来，大家不禁感到心旷神怡。

博多想起自己第一次进入古堡时，内心那种忐忑不安，他提醒说："大家还记得当初我们进入古堡时那惊险的时刻吗？"

女王嚷嚷起来："当然记得了，当初我们怕得要死，可你却要给我们讲什么广播故事，说要知道故事的主要内容，还要学会转述。弄得我现在提起广播故事就感到后怕！"

女王说完，博多不好意思地笑了。

这时，大家再往前走，经过了一间房，女王和蜜蜜一起尖叫起来："小葵！"

大家回过头，正好看见小葵穿着那件蓝围裙朝大家走过来，能够再次见到小葵，女王和蜜蜜都觉得开心。

女王回忆说："当时我们在小葵的后花园里用魔法耳机偷听了老鼠们的对话，小葵还罚我们去给花田施肥呢。记得我们起初一开始无法听懂他

们讲话的内容。后来，我们想到语文课关于日常交际里的重要原则，那就是听别人叙述一件事时，对不理解的问题要及时提出来。幸好我当时提出来了疑问，不然就不会与大家重聚了。"女王的一番话说得小葵有些不好意思起来。

怪怪老师接上了女王的话："后来我们帮助鼠婆婆赶走猪笼草，没想到猪笼草竟然在鼠国留下毒性，导致鼠国爆发鼠疫。皮豆临危受命去雾国找药草，这又是一段难得的经历。"

说完，怪怪老师已经带领大家来到了当初皮豆临危受命的那块天花板下面。

往事历历在目，皮豆内心竟然有一种说不出的感触。有一瞬间，他觉得自己在古堡的历练中长大成熟了。

皮豆突然觉得鼻子酸酸的，他沙哑着嗓子说："怪怪老师教我仔细聆听鼠婆婆的话，并归纳要点，会简要转述。当时我到达雾国，幸好将这一点运用得好，否则我是不会拿到陶壶碎片，消除鼠城里的鼠疫的。"

蜜蜜点点头，周围一时静默起来，所有人都沉浸在回忆里面了。

就在这时，蜜蜜突然笑起来，说："突然想起一件好笑的事，当初我被怪怪老师变成一朵喇叭花，去喇叭花村打探大巫师的消息，结果被大巫师发现我是假扮的，大巫师还将我关在了地窖里。怪怪老师来救我时，竟然还被蛛丝困住了。"

怪怪老师点点头说："当时确实惊险，好在鼠婆婆机智，让皮豆去雾国

找蝎子先生来帮忙，一起对付大巫师。后来大巫师被我们控制住了并幡然悔悟，蜜蜜这才获救。"

大家都松了一口气，好像重温了当时惊险的情节似的。大家一抬头，发现自己竟然站在了喇叭花村的村口了，大巫师和鼠婆婆正站在一大片花田里。微风轻轻吹过来，花田里吹来阵阵芳香，那些鸢尾、紫罗兰和丁香花随风摇曳着，大家不禁看呆了。

怪怪老师眯着眼睛望着阳光下的大巫师和鼠婆婆，说："我们还是不要打扰他们了，看他们现在能享受平静的生活，并从中得到快乐，我就觉得特别满足，咱们的努力总算没有白费。"

博多和皮豆都点点头，大家继续往前走着，很快就来到了古堡中心的一段旋转楼梯下面。

一到这里，皮豆的心就提到了嗓子眼，当初去塔尖救公主的情景又浮现在眼前。

博多笑着说："当时皮豆去塔尖救公主，却拿来一枝绣球花，针对如何解救公主的问题，我们还进行了一番讨论。大家都主动发言，讲清楚了自己的意思。大家还为此举行了辩论会，弄清楚了演讲和辩论的区别。"

大家听了博多的话，久久地沉浸在那一段回忆里。这时，大家已经重新回到了古堡的大门口了。

所有人都转过身来，出神地望着黑崖古堡那扇历史久远的大门，好像还在回味。

怪怪老师最后总结说："在这里，大家学会了语文学习中的交际运用。语文，就是语言和文字，语言和文学，我们生活中到处都有语文。"他顿了顿，又补充说："语文学习重在积累和运用。大家一定要好好学习语文，这将成为我们一生的财富。亲爱的同学们，你们都记住了吗？"

"记住啦，谢——谢——老——师！"大家异口同声地喊道，又不约而同地抹起了眼泪。这是感谢，是不舍，是带着微笑的眼泪呀！

脑力大冒险

　　亲爱的小朋友,你能总结出本册都学了哪些语文知识吗?你准备怎样学好语文呢?